U0730926

普通高等学校学前教育专业系列教材

幼儿舞蹈教师职业能力培训教程

主　编　谢　琼

副主编　张　岚　陈晓燕　王　静

编　委　刘　波　焦　璐　夏志恒　孟　超　吴　熙
　　　　杨庆新　刘　畅　肖梦妮　陈庆元　袁燕红
　　　　刘昌锦　李作绯

复旦大学出版社

内容提要

本教材是中华人民共和国人力资源和社会保障部教育培训网——技能培训《幼儿舞蹈培训项目》指定专用教程。

全书分为上、下两篇：上篇为技能训练；下篇为教学方法训练。技能训练篇分为AB两卷，每卷17个组合，主要包含幼儿舞组合训练、综合表演训练和创编组合训练。本书特别设计了"教学提示"，根据不同年龄阶段的幼儿骨骼和肢体发育特点，有针对性地对每个舞蹈组合都给予教学提示，让幼儿舞蹈教师在教学中能够更加规范地去教学，同时在舞蹈训练的基础上进行创编与表演的训练，提高小组创编能力，增强与他人的合作能力。教学方法训练篇主要包含幼儿舞蹈教师职业能力培训基础知识试题、课堂导入和组合试讲。为幼儿园舞蹈教师提供教学理论基础。

本书图文结合，清晰明了，配有音频与视频供教学参考。视频扫描书内二维码可直接播放，音频可登录复旦学前云平台（www.fudanxueqian.com）免费下载。

本书适用于幼儿园教师、各类院校学前教育专业，也可作为中等职业技术学校、群艺馆、舞蹈培训教育机构和广大业余舞蹈爱好者的专业参考和音像教材。

复旦学前云平台
数字化教学支持说明

为提高教学服务水平，促进课程立体化建设，复旦大学出版社学前教育分社建设了"复旦学前云平台"，以为师生提供丰富的课程配套资源，可通过"电脑端"和"手机端"查看、获取。

【电脑端】

电脑端资源包括 PPT 课件、电子教案、习题答案、课程大纲、音频、视频等内容。可登录"复旦学前云平台"www.fudanxueqian.com 浏览、下载。

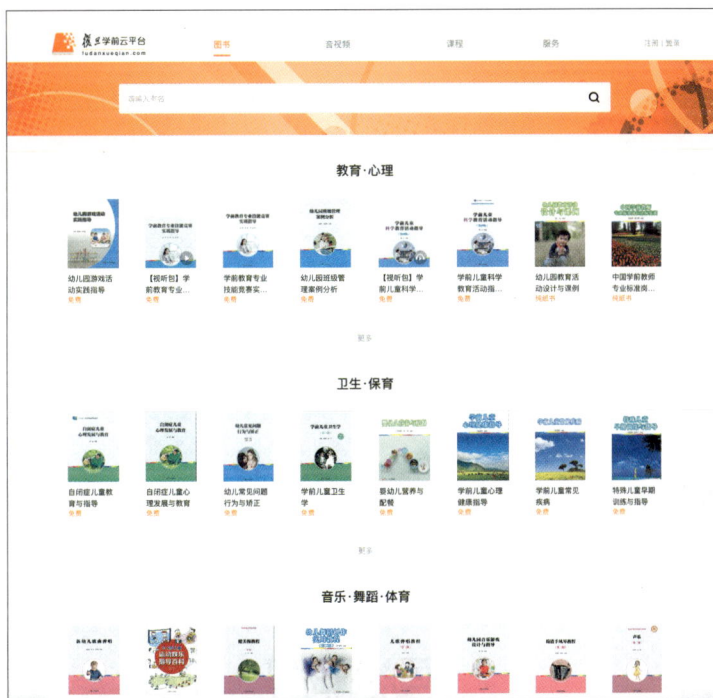

Step 1 登录网站"复旦学前云平台"www.fudanxueqian.com，点击右上角"登录 / 注册"，使用手机号注册。

Step 2 在"搜索"栏输入相关书名，找到该书，点击进入。

Step 3 点击【配套资源】中的"下载"（首次使用需输入教师信息），即可下载。音频、视频内容可通过搜索该书【视听包】在线浏览。

PPT 课件、音视频、阅读材料：用微信扫描书中二维码即可浏览。

扫码浏览

【更多相关资源】

更多资源，如专家文章、活动设计案例、绘本阅读、环境创设、图书信息等，可关注"幼师宝"微信公众号，搜索、查阅。

平台技术支持热线：029-68518879。

"幼师宝"微信公众号

我知道，先有因，才有果，因为热爱，可以执着，因舞而乐，寓教于乐。我知道，要想得到，必先付出，挥洒汗水，不辞辛苦，日复一日，自得其乐。我知道，孩子是明天的希望，天真活泼，粉雕玉琢。我知道我将成为教师中的一员，肩负着舞蹈教育的重任，为每一张可爱的笑脸开启舞蹈之梦、艺术之梦、理想之梦。我将带着热诚认真学习，刻苦钻研，以舞为傲，以教为荣。

前 言

本教材是中华人民共和国人力资源和社会保障部教育培训网——技能培训《幼儿舞蹈培训项目》指定专用教程。本教材根据现代学前教育专业对幼儿舞蹈教师的职业能力要求，按照学前教育专业舞蹈课程的教学目标以及人才培养的方向，力求将幼儿舞蹈教学训练中的规范性、理论性、实践性相结合，提高幼儿教师的舞蹈素养。教材内容由浅入深，理论与实践相结合，同时，还紧紧遵循《3—6岁儿童学习与发展指南》，强调了幼儿素质教育的重要性。

全书分为上下两篇：上篇为技能训练；下篇为教学方法训练。技能训练篇分为AB两卷，每卷17个组合，主要包含幼儿舞组合训练、综合表演训练和创编组合训练。本书特别设计了"教学提示"，根据不同年龄阶段的幼儿骨骼和肢体发育特点，有针对性地对每个舞蹈组合都给予教学提示，让幼儿舞蹈教师在教学中能够更加规范地去教学，同时在舞蹈训练的基础上进行创编与表演的训练，提高小组创编能力，增强与他人的合作能力。教学方法训练篇主要包含幼儿舞蹈教师职业能力培训基础知识试题、课堂导入和组合试讲。为幼儿园舞蹈教师提供教学理论基础。

本教材充分体现学前教育专业舞蹈课程教学的基本要求，每一个训练都有明确的目标和要求，利用本教材教学训练，既可以丰富专业教师幼儿舞蹈教学的素材，又可以锻炼本书学习者对幼儿舞蹈的表现力，开拓学习思路，教学相长，为提高舞蹈专业素质打下坚实基础。

本书采取图文结合的方式，清晰明了，同时配有音频与视频，既为幼儿舞蹈教师职业能力培训配套教材，适用于幼儿园教师、普通高等院校、高职高专院校学前教育专业，也可作为中等职业技术学校、群艺馆、舞蹈培训教育机构和广大业余舞蹈爱好者的专业参考和音像教材。

在编写的过程中，得到了广大同仁的关心与支持，在此表示衷心的感谢，限于时间与水平，教程难免有不足之处，诚恳希望各位读者批评指正！

编者

2018.12

目 录

下篇 教学方法训练

技能训练

1. 勾绷脚组合《不倒翁》

一、学习目标

1. 训练点头与单勾脚、单绷脚的协调配合。
2. 做双绷脚、双勾脚、交替勾绷脚时保持后背挺直,膝盖伸直紧贴地面。
3. 双手位于旁斜下位时,保持手指尖延伸轻触地面,保持上身直立体态。

二、教学知识点

1. 单勾脚:单脚脚尖最大限度勾起,脚跟往远处蹬并离开地面。
2. 单绷脚:单脚脚尖最大限度下压,脚腕延伸,脚背上拱。
3. 双勾脚:双脚脚尖最大限度勾起,脚跟往远处蹬并离开地面。
4. 双绷脚:双脚脚尖最大限度下压,脚腕延伸,脚背上拱。
5. 双吸腿:保持坐立体态,双腿绷脚并拢从伸直状态往身体方向收至弯曲状态。

教学提示

1. 勾绷脚是足关节的前屈与后伸运动。勾脚为足关节的后伸,应与小腿形成大于 90° 的角;绷脚为足关节的前屈,脚趾应努力去贴地面。在动作时要强调从脚趾到脚踝逐一后伸和前屈的状态。

2. 勾脚训练能加强站立时身体重心的稳定性,绷脚训练能锻炼爆发力,为跳跃做准备。

3. 在教学中,可把双脚比作小朋友的不倒翁玩具,在前后摇摆,如游戏般进行舞蹈,提高趣味性。

三、教学内容

音乐

地面训练

不 倒 翁
（勾绷脚组合）

$1 = {}^\sharp C$ $\frac{2}{4}$

```
5  6 │ 5  0 │ 5  6 │ 5  0 │ [5] 6· 6 │ 5· 7 │ 1  5 │ 1  0 │

5  56 │ 5  — │ 3  2 │ 3  — │ 5  3 │ 2  1 │ [15] 3· 5 1· 3 │ 2  — │

5  56 │ 5  — │ 3  2 │ [20] 3  — │ 5  3 │ 2  1 │ 2· 1 2· 3 │ 1  — │

[25] 5  56 │ 5  — │ 3  2 │ 3  — │ 5  3 │ [30] 2  1 │ 3· 5 1· 3 │ 2  — │

5  56 │ 5  — │ [35] 3  2 │ 3  — │ 5  3 │ 2  1 │ 2· 1 2· 3 │ 1  — :│
```

准备动作

第1—8小节，面向8点坐立，双腿并拢朝8点方向伸直，绷脚，双手旁斜下位，指尖轻触地面，共16拍（图1-1-1）。

主体动作

1. 第9—16小节。

1—12　双脚向上勾脚1拍（图1-1-2），向下绷脚1拍，重复3次共6拍。

13—16　面向1点方向，双手五指并拢曲肘与肩同高，指尖相对置于胸前（图1-1-3），手肘向斜下方重复2次1拍，双手伸直右手在上交叉于身前斜下位，双手分开至旁斜下位，指尖轻触地面1拍。

2. 第17—24小节。

1—4　左脚保持绷脚状态，右脚向上勾脚，右倾头1拍，右脚向下绷脚，头回正1拍。

5—8　右脚保持绷脚状态，左脚向上勾脚，左倾头1拍（图1-1-4），左脚向下绷脚，头回正1拍。

9—12　同第17—24小节的1—4。

13—16　双手往后划立圆，经过头随上半身向下贴住双腿，双手放腿旁1拍，双手贴地至旁斜下位，指尖轻触地面，上身回直1拍。

3. 第25—32小节　同第9—16小节。

4. 第33—40小节　同第17—24小节。

音乐重复一遍:

5. 间奏第 1—8 小节。

1—8 双吸腿,双手伸直交叉于小腿前,低头 2 拍(图 1 - 1 - 5),不动 2 拍。

9—12 双脚脚尖点地,向右绷脚点地 6 次转至 2 点方向 2 拍。

13—16 双腿绷脚伸直,双手分开至旁斜下位,指尖轻触地面。

6. 面朝 2 点方向,动作同第 9—40 小节。

结束动作

坐立,双腿并拢朝 2 点方向伸直,绷脚,双手旁斜下位,指尖轻触地面,面向 1 点方向。

四、教学视频

不倒翁

五、注意要点

1. 坐立时,保持上身挺拔,不前倾不后躺,双手置于旁斜下位,指尖轻触地面。

2. 做双勾脚、双绷脚时,注意膝盖伸直不弯曲。

3. 做单勾脚、单绷脚配合倾头时,注意脚的动作要准确到位。

六、示范图例

图 1 - 1 - 1

图 1 - 1 - 2

图 1－1－3

图 1－1－4

图 1－1－5

2. 吸伸腿组合《读书的原因》

一、学习目标

1. 增强腿部肌肉的力量,训练腿、手及头部的协调性。
2. 吸伸腿时双脚绷脚尖,后背挺拔直立。
3. 双手在旁斜下位时指尖轻触地面。

二、教学知识点

1. 吸腿:主力腿紧贴地面,动力腿绷脚,以膝盖带动正吸至主力腿膝盖旁。
2. 伸腿:主力腿紧贴地面,动力腿绷脚,从主力腿膝盖旁慢慢往前延伸。
3. 绷脚尖:脚趾尖用力往下压,脚腕延伸,脚背上拱。

教学提示

1. 吸腿时胯根(髂腰肌)、大腿(股直肌)收缩发力,形成大腿在髋关节处的屈,也就是成吸腿状。

2. 伸腿时请控制大腿位置,原地保持不动,大腿肌肉(股四头肌整体收缩)发力,伸直膝关节。

3. 动作过程中,提示幼儿腿如同生长的小树苗,每次伸腿都长长了,感受大腿肌肉逐渐发力的过程。

三、教学内容

音乐

地面训练

读书的原因

（吸伸腿组合）

1= E 3/4

5̣	1	3 5	4 — —	2 3 4	2	1 — 1 1	[5] 1	5̣	3 3	3	1	1 3
5	5	4 3	2 — 2 3	4	4	3 2	3	1	1 3	2	5̣	7̣ 2	1 — 1 1
1	5̣	3 3	3	1	1 3	5	5	4 3	2 — 2 3	4	4	3 2	3	1	1 3
2	5̣	7̣ 2	1 — 1 1	3 3	3	1	1 3	5·	5 4 3	2 — 2 3
4	4	3 2	3	1	1 3	5̣	5	3 3	3	1	1 3
5	5	4 3	2 — 2 3	4	4	3 2	3	1	1 3	2	5̣	7̣ 2	1 — 1 1
1	5̣	3 3	3	1	1 3	5	5	4 3	2 — 2 3	4	4	3 2	3	1	1 3
2	5̣	7̣ 2	1 — 1	2 — —	7̣ — —	1 — — ‖

准备动作

1. 第1—2小节。

1—6　面向8点，双腿绷脚前吸腿，双手交叉叠放在小腿，含胸低头。

2. 第3—4小节。

1—6　双脚绷脚并拢，从脚尖到脚掌再到脚后跟擦地向前伸直，双臂打开至旁斜下位，指尖触地，抬头。

主体动作

1. 第5—6小节。

1—3　左脚绷脚直膝紧贴地面，右腿绷脚，膝盖带动脚后跟，脚掌、脚尖擦地到左腿膝盖窝做前吸腿动作。

4—6　身体转向1点，右手向后斜下位延伸，指尖点地，左臂向斜前延伸，拎肩，掌心向下，眼看向左上方向。

2. 第7—8小节。

1—3　双手以及头部随着身体面向8点方向，双臂保持旁斜下位点地。

4—6　左脚保持绷脚贴地，右腿绷脚尖带动脚尖、脚掌、脚后跟擦地伸直。

3. 第 9—10 小节。

1—6 换左腿,动作同第 5—6。

4. 第 11—12 小节。

1—6 换左脚,动作同第 7—8。

5. 第 13—14 小节。

1—3 左脚绷脚直膝紧贴地面,右腿绷脚,膝盖带动脚后跟,脚掌、脚尖擦地到左腿膝盖窝做前吸腿动作。

4—6 身体转向 1 点,右手向后斜下位延伸,指尖点地,左臂上举、掌心向上、眼看向左手方向(图1-2-2)。

6. 第 15—16 小节。

1—3 左手回到旁斜下位,双手指尖轻触地,身体以及头部转向 8 点方向。

4—6 左脚保持绷脚贴地,右腿绷脚尖带动脚尖、脚掌、脚后跟擦地伸直。

7. 第 17—18 小节。

1—6 换左脚,动作同第 13—14。

8. 第 19—20 小节。

1—6 换左脚,动作同第 15—16。

9. 第 21—22 小节。

1—6 上身向后躺平于地面,双臂旁斜下位,掌心贴地、双腿并拢绷脚尖。

10. 第 23—24 小节。

1—6 动作保持第 21—22。

11. 第 25—26 小节。

1—3 右手抬手伸直于胸前上方压腕。

4—6 左手抬手伸直于胸前上方压腕,手腕相贴形成花瓣状(图1-2-3)。

12. 第 27—28 小节。

1—3 双手保持花瓣状向下托在胸前上方。

4—6 双臂向旁平位扶地摊掌,掌心贴地面。

13. 第 29—30 小节。

1—3 左脚绷脚直膝紧贴地面,右腿绷脚,膝盖带动脚后跟、脚掌、脚尖擦地到左腿膝盖窝做前吸腿动作。

4—6 左脚绷脚贴地,右脚绷脚,脚尖带动小腿向上向远延伸至 45°。

14. 第 31—32 小节。

1—6 右脚绷脚控制向下回到双腿并拢位置。

15. 第 33—34 小节。

1—6 换左脚,动作同第 29—30 小节。

16. 第 35—36 小节。

1—6 换左脚,动作同第 31—32 小节。

17. 第 37—38 小节。

1—3 双腿并拢绷脚,膝盖带动脚跟、脚掌、脚尖做吸腿动作。

4—6 双脚绷脚,脚尖带动小腿向上向远延伸至 45°(图1-2-4)。

18. 第 39—40 小节。

1—6　双腿并拢,绷脚控制向下回到地面(图1-2-5)。

19. 第41—42小节。

1—3　身体躺平于地面,双臂旁斜下位,掌心贴地、双腿并拢绷脚尖。

4—6　挑胸腰起上身,双臂旁斜下位点地。

20. 第43—44小节。

1—3　双腿绷脚尖伸直,头部面向8点方向坐于地面,双臂旁平位扶地。

4—6　头部转向1点方向,身体保持不动。

结束动作

坐立,双腿并拢朝8点方向伸直,绷脚,双手旁斜下位,指尖轻触地面,面向1点方向。

四、教学视频

读书的原因

五、注意要点

1. 做吸伸腿时要注意绷脚尖,吸腿时注意膝盖带动,伸腿时注意脚尖的延伸。

2. 坐姿时刻保持挺拔、抬头挺胸。

3. 躺地抬腿,靠腹部力量慢慢放下。

六、示范图例

图1-2-1

图1-2-2

图 1-2-3

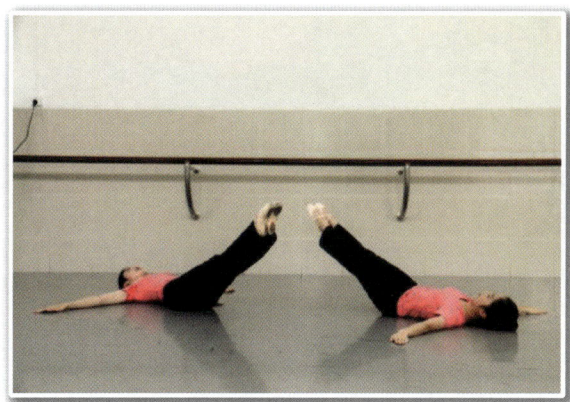

图 1-2-4

图 1-2-5

3. 脚的练习《小小鸭子》

一、学习目标

1. 训练半脚掌、脚趾推地的能力,脚趾尖触地时保持中指点地。
2. 在做"耸压肩"时,重拍向下。

二、教学知识点

1. 推脚跟:双脚脚趾踩地,脚跟最大限度提起,离开地面。
2. 推脚趾:在保持推脚跟的基础上,把脚趾立起来,绷脚背,脚趾尖触地时保持中指点地。
3. 压脚趾:在推脚背的基础上,把脚趾踩下来,绷脚背。
4. 耸压肩:双肩耸起,重拍时向下压。
5. 旁按手位:双臂置于体侧45°成旁斜下位,手臂自然伸直,手掌虎口张开,四指并拢,掌心朝下,手腕内侧着地面,手指尖用力向上挑。
6. 一位脚:双脚脚尖向外打开到旁,脚跟并拢形成一条直线,膝盖伸直双腿内侧收紧。

> **教学提示**
>
> 1. 推脚跟时,最终要达到半脚掌状态,也就是脚趾(趾骨)着地,大拇指与小拇指紧贴于地面,均匀分配力量承载身体的重心。
> 2. 推脚趾,也就是绷脚趾(趾关节)做屈,形成绷脚趾状态。
> 3. 在推脚跟立半脚掌的过程中,身体重心要始终保持与地面垂直,双肩有意识地主动下沉(肩胛骨下压),身体向上,成对抗的力量进行练习。

三、教学内容

音乐

把杆训练

小 小 鸭 子
(脚的练习)

$1=^{\#}C$ $\frac{4}{4}$

$\overset{3}{\overline{565}}$ $\overset{3}{\overline{454}}$ $\overset{3}{\overline{343}}$ $\overset{3}{\overline{232}}$ | $\overset{3}{\overline{543}}$ $\overset{3}{\overline{216}}$ $\underline{5}$ · $\underline{5}$ | 1 2 3 3 | $\underline{35}$ $\underline{35}$ 3 − | 1 2 3 3 |

$\underline{35}$ $\underline{35}$ 2 − | 3 · $\underline{2}$ 1 − | 1 · $\underline{2}$ 3 − | $\underline{35}$ $\underline{35}$ 3 5 | 3 2 1 − |

1 2 3 3 | $\underline{35}$ $\underline{35}$ 3 − | 1 2 3 3 | $\underline{35}$ $\underline{35}$ 2 − | 3 · $\underline{2}$ 1 − |

1 · $\underline{2}$ 3 − | $\underline{35}$ $\underline{35}$ 3 5 | 3 2 1 − : | 3 2 1 − ‖

准备动作

面向把杆,双腿并拢成正步位,膝盖伸直,后背挺拔,双手旁按手位,眼睛平视1点。

第1—2小节中,1—4拍保持不动,5—8拍双手提手腕至双手扶把。

主体动作

1. 第3—4小节。

1—4 推脚跟,双脚掌推地立半脚尖,十个脚趾均匀着地,脚背绷直,膝盖伸直,脚跟最大限度提起(图1-3-1)。

5—8 压脚跟,脚趾踩地,脚跟回到地面。

2. 第5—6小节 同第3—4小节。

3. 第7—8小节 同第3—4小节。

4. 第9—10。

1—8 双肩耸压4次,双手扶把,重拍向下。(2拍1次)

5. 第11—12小节。

1—2 正步位推右脚掌(半脚尖),右脚脚趾着地,右脚跟最大限度提起(图1-3-2)。

3—4 推右脚趾,立脚尖点地,脚背绷紧。

5—6 压脚趾,右脚脚趾踩地,右脚跟最大限度提起。

7—8 压脚跟,右脚跟放下,回正步位。

6. 第13—14小节。

1—2 正步位推左脚掌(半脚尖),左脚脚趾着地,左脚跟最大限度提起。

3—4 推左脚趾,立脚尖点地,脚背绷紧。

5—6 压脚趾,左脚脚趾踩地,左脚跟最大限度提起。

7—8 压脚跟,左脚跟放下,回正步位。

7. 第15—16小节 同11—12小节。

8. 第17—18小节 同13—14小节。

音乐重复一遍。

9. 第1—2小节。

第17—18小节。

1—4　双脚由内向外做小碎步打开至一位脚站好,身体保持直立。

5—8　保持一位脚站立不动(图1-3-3)。

10. 第3—4小节。

1—4　双脚掌推地(半脚尖),十个脚趾着地,脚背绷直,脚跟最大限度上提(图1-3-4)。

5—8　压脚跟,脚趾踩地,脚跟回到地面,一位脚站好。

11. 第5—6小节　同3—4小节。

12. 第7—8小节　同3—4小节。

13. 第9—10小节。

1—8　双耸压肩4次,双手扶把,重拍向下。(2拍1次)

14. 第11—12小节。

1—2　向旁推右脚掌(半脚尖),右脚脚趾着地,脚跟最大限度提起(图1-3-5)。

3—4　推右脚趾,立脚尖点地,脚背绷紧。

5—6　压脚趾,右脚脚趾踩地,右脚跟最大限度提起。

7—8　压脚跟,右脚跟放下,回一位脚。

15. 第13—14小节。

1—2　向旁推左脚掌(半脚尖),左脚脚趾着地,脚跟最大限度提起。

3—4　推左脚趾,立脚尖点地,脚背绷紧。

5—6　压脚趾,左脚脚趾踩地,右脚跟最大限度提起。

7—8　压脚跟,左脚跟放下,回一位脚。

16. 第15—16小节　同11—12小节。

17. 第17—19小节　同13—14小节。

结束动作

面向把杆一字站立,双腿并拢,膝盖伸直,后背挺直,双手旁按手位,眼睛平视。

四、教学视频

小小鸭子

五、注意要点

1. 在做"推脚背"时,脚跟最大限度提起,脚腕和膝盖绷直。
2. 在做"推脚趾""压脚趾""压脚跟"时,重心在直立的腿上。
3. 在做准备动作与结束动作时,后背、双腿保持直立。

六、示范图例

图 1-3-1   图 1-3-2

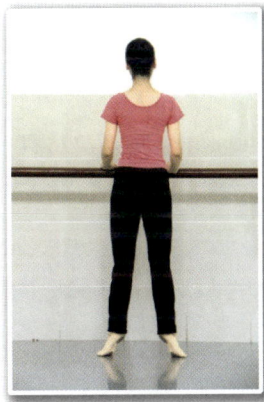
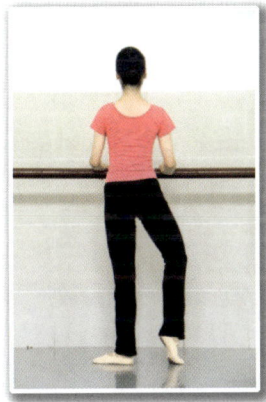

图 1-3-3   图 1-3-4   图 1-3-5

4. 脚的练习《小弟弟早早起》

一、学习目标

1. 训练下肢肌肉能力及协调性。（擦地时脚跟、脚心、脚掌依次离开地面,向远推脚背成绷脚点地）

2. 训练控制重心的能力。（从双脚支撑重心到单脚支撑重心的转换）

3. 训练髋部、腿部、脚外开的能力。（下肢要始终保持外开,膝盖要伸直）

二、教学知识点

1. 一位脚站立：双脚脚尖向外打开到旁,脚跟并拢形成一条直线,膝盖伸直双腿内侧收紧。

2. 前擦地：沿着主力脚脚后跟的正前方擦地,脚跟、脚心、脚掌依次离开地面,向前向远推脚背成绷脚点地。

3. 旁擦地：沿着动力脚脚趾尖的方向向旁擦地,脚跟、脚心、脚掌依次离开地面,向旁向远推脚背成绷脚点地。

教学提示

1. 擦地的过程中,大腿始终要保持外旋的状态。

2. 站位时,膝关节必须对齐第二脚趾,成垂直力线。

3. 外开的程度因人而异,不要过分强调脚成"一"字形站立,外旋肌肉的能力要循序渐进地去达到,最终形成180°一位脚的站立。

三、教学内容

音乐

把杆训练

小弟弟早早起

（擦地组合）

$1=♭E$　$\frac{2}{4}$

```
5· 5 5 4 | 3· 3 3 1 | 2    2 7 | 1   —  | [5] 3 3 3 1 | 5 4 3 | 2 4 3 1 | 2   —  |

[10] 3 3 3 1 | 5 4 3 | 2 3 2 7 | 1   —  | 6 6 6 4 | 5 5 5 | [15] 6 6 6 4 | 5 5 5 |

2· 2 2 4 | 3   2 | 1   —  | [20] × ×  × | 6 6 6 4 | 5 5 5 | 6 6 6 4 | 5 5 5 |

[25] 2· 2 2 4 | 3   2 | 1   —  | 1   —  | 3 3 3 1 | 5 4 3 | [30] 2 4 3 1 | 2   —  |

3 3 3 1 | 5 4 3 | [35] 2 3 2 7 | 1   —  | 6 6 6 4 | 5 5 5 | 6 6 6 4 | [40] 5 5 5 |

2·   2  2 4 | 3     2 | 1   —  | × ×  × |
```

准备动作

面向把杆，一位脚站立，旁按手位，眼睛平视。

主体动作

1. 第 1—4 小节。

1—4　保持准备姿势不动。

5—8　双手由旁向身前提腕，落在把杆上。

2. 第 5—8 小节。

1—4　双手扶把，右脚沿着地板往前擦地，由全脚、脚掌，推脚背成脚尖点地（图 1-4-1）。

5—8　手不动，从脚尖、脚掌到全脚踩地，收回一位脚。

3. 第 9—12 小节。

1—4　双手扶把，左脚沿着地板往前擦地，由全脚、脚掌，推脚背成脚尖点地。

5—8　手不动，从脚尖、脚掌到全脚踩地，收回一位脚。

4. 第 13—16 小节。

1—2　双手扶把，右脚快速向前擦地。

3—4　右脚收回至一位脚。

5—6　左脚快速向前擦地。

7—8　左脚收回一位脚。

5. 第 17—20 小节。

1—2　头右倾，双手移于耳朵下方，右倾身一次（图 1-4-2）。

3—4　手不动，右倾身第二次。

5—6　左手提手至旁斜上位,右手不动,眼看左手。

7—8　右手提手在旁斜上位,左手不动,眼看右手(图 1 - 4 - 3)。

6. 第 21—24 小节。

1—8　收手,落回把杆。

7. 第 25—28 小节。

1—8　左右倾头,从右开始,2 拍一动,第 8 拍头回正(图 1 - 4 - 4)。

8. 第 29—32 小节。

1—4　双手扶把,右脚沿着地板往旁擦地,由全脚、脚掌,推脚背成脚尖点地(图 1 - 4 - 5)。

5—8　手不动,从脚尖、脚掌至全脚踩地,收回一位脚。

9. 第 33—36 小节。

1—4　双手扶把,左脚沿着地板往旁擦地,由全脚、脚掌,推脚背成脚尖点地。

5—8　手不动,从脚尖、脚掌至全脚踩地,收回一位脚。

10. 第 37—40 小节。

1—2　头右倾,双手移于耳朵下方,右倾身一次。

3—4　手不动,右倾身第二次。

5—6　左手提手至旁斜上位,右手不动,眼看左手。

7—8　右手提手在旁斜上位,左手不动,眼看右手。

结束动作

第 41—44 小节,面向把杆一位脚站立,双手落回把杆。

四、教学视频

小弟弟早早起

五、注意要点

1. 一位脚站立时要保持双腿内侧并拢,膝盖伸直。

2. 擦地时要保持上身挺拔,肩膀和胯部保持正立。

3. 胯始终要保持外开。

4. 擦地时要沿着地板向前旁擦地,由脚跟、脚掌,推脚背成脚尖点地;收回时要按照原擦地路线收回。

六、示范图例

图 1-4-1

图 1-4-2

图 1-4-3

图 1-4-4

图 1-4-5

5. 拍手练习《王老先生有块地》

一、学习目标

1. 掌握拍手的匀速节奏感。
2. 勾绷脚的规范动作。
3. 手脚头的协调配合。

二、教学知识点

1. 拍手：两手相拍，手掌、手指相对，跟着节奏匀速拍手。
2. 勾脚：脚跟往远蹬，脚尖找脸的方向，膝盖伸直。
3. 绷脚：脚背向上拱，脚尖向下压，脚尖点地。
4. 半蹲：膝盖对脚尖方向下蹲，全脚掌贴地，上身保持直立。

教学提示

1. 半蹲动作时，骨盆保持中立位，不做前后倾。
2. 下肢动作要注意髋、膝、踝三个关节的协调配合。

三、教学内容

音乐

手的训练

王老先生有块地
（拍手练习）

1= G、♭A 2/4
（第二、三段♭A）

```
1  1   1   | 6 6   6  ‖ 7 7  7 6 7 | 1 1   1  ‖:[5] 1 1  1 5 | 6 6   5 ‖
```

```
3 3  2 2  | 1   —  | 1 1  1 5 |[10] 6 6  5  | 3 3  2 2 | 1   —  ‖
```

```
1  1  1  | 1  1  1  |[15] 1 1 1 1  1 1 | 1 1  1 1 | 1 1  1 5 | 6 6  5 ‖
```

```
3   3   2   2  |[20] 1   —   :‖ 1   —   ‖
```

（重复三遍）

准备动作

第1—4小节,面向1点方向,双脚并拢成正步位站立,双手叉腰,眼看1点方向。

主体动作

第一遍音乐。

1. 第5—6小节。

1—4　双脚并拢站直,前3拍双手置于胸前一拳距离拍手,一拍一动,第4拍双手合十不动。

5—6　左脚半蹲,右脚往前勾脚,脚跟着地,双手叉腰(图1-5-1)。

7—8　右脚收回,左腿伸直,双腿并拢。

2. 第7—8小节。

1—4　双脚并拢站直,前3拍拍手,一拍一动,第4拍双手合十不动。

5—6　右脚半蹲,左脚往前勾脚,脚跟着地,双手叉腰。

7—8　左脚收回,右腿伸直,双腿并拢。

3. 第9—10小节。

1—4　左手叉腰,右手指向右斜上位,手臂伸直,上身前倾45°,头看向手的方向,2拍抬手,2拍叉腰,叉腰时头回正(图1-5-2)。

5—8　同上,换为右手叉腰,抬左手,头看手的方向,两拍一个动作。

4. 第11—12小节。

1—4　双腿并拢站直,一拍拍一次手。

5—8　第1拍拍手,后3拍保持双手合十不动。

5. 第13—20小节同第5—12小节。

音乐从第5小节重复第二遍。

6. 第5—6小节。

1—2　右腿交叉于左腿前,双膝并拢微曲,手臂抬起同肩宽,右手搭于左手上(图 1-5-3)。

3—4　左腿往左侧绷脚,脚尖点地,双手不动,头向左倾 45°(图 1-5-4)。

5—6　左腿交叉于右腿前,双膝并拢微曲,双手保持不动,头回正。

7—8　右腿往右侧绷脚,脚尖点地,双手不动,头向右倾 45°。

7. 第 7—8 小节。

1—4　双腿并拢站直,头回正,2 拍拍一次手。

5—8　双手打开,经过肩前在旁斜下位压腕,手臂伸直。

8. 第 9—12 小节　同第 5—8 小节。

9. 第 13—44 小节。

1—4　双腿并拢,双膝微曲,左手抬起与肩同高,手肘弯曲 90°,右手指向右斜上位,手臂伸直,上身前倾 45°,眼看向手的方向。

5—8　双腿并拢站直,左手不动,右手收回搭在左手上,上身回直,头回正。

10. 第 15—16 小节。

1—4　小碎步往后退,手不动,弯腰,低头。

5—8　小碎步往前进,手不动,腰慢慢挺直,头抬起。

11. 第 17—20 小节同第 13—16 小节。

音乐从第 5 小节重复第二遍,同第一段音乐动作。

结束动作

双腿并拢站直,前 2 拍拍手,一拍一次,第 3 拍双手合十举高至上位,分开经过旁平位在斜下位压腕,手臂伸直。

四、教学视频

王老先生有块地(正面)　　　　王老先生有块地(背面)

五、注意要点

1. 勾脚时勾到头,脚跟着地;绷脚时脚尖点地。
2. 注意倾头和行进动作的配合。
3. 上身向前倾时注意不能过于塌腰。

六、示范图例

图 1-5-1

图 1-5-2

图 1-5-3

图 1-5-4

6. 绕腕练习《我不上你的当》

一、学习目标

1. 手腕灵活性的训练。
2. 手脚协调性的训练。
3. 动作规范性的训练。

二、教学知识点

1. 绕腕：扩指压腕，立掌，指根用力，成扩指状。
2. 拍肩摊手：轻拍肩膀后双手往旁斜下位摊手。
3. 摆手：双手扩指，在旁平位上左右轮流屈肘摆动。
4. 交叉挥手：双手扩指，在胸前小臂交叉挥手。
5. 踏步：双手叉腰，原地平踏步，抬腿离地时注意绷脚。

教学提示

1. 绕腕动作是肩关节内旋外旋的功能练习，也就是大臂做向里向外的转动。
2. 踏步动作，是髋关节的屈髋练习，大腿抬腿后与躯干形成 90°角水平屈状态。
3. 教学时教师或学生可以扮演大灰狼，设计情景互动，调动学习兴趣与乐趣。

三、教学内容

音乐

手的训练

我不上你的当

(绕弯练习)

1= B 2/4

× × | × × | × × | × × | [5] × ×× | ××× | × ×× | ××× |

× ×× | ××× | × ×× | ××× | 3 3 3 2 | 1 1 2 2 | 3 5 [15] 1 | 3 2· |

7 7 7 7 | 7 1 2 2 | 4 4 3 | [20] 2 — | 4 4 4 5 | 6 6 6 | 5 5 5 5 | 1 3· |

[25] 2 2 2 3 | 4 4 4 3 | 2 3 | 7 1 | 1 — | ×× ×× | [30] ×× ×× | ×× ×× | ×× × 5 |

1̇ 1̇ 1̇ 1̇ | 1̇· 5 | [35] 1̇ 1̇ 1̇ 2̇ | 1̇ 5 5 | 1̇ 1̇ 1̇ 1̇ | 1̇ 7 | 7 1̇ | [40] 5· 5 |

1̇ 1̇ 1̇ 1̇ | 1̇· 5 | [45] 1̇ 1̇ 1̇ 2̇ | 5 5 | 2̇ 2̇ 2̇ | 2̇ 2̇ 2̇ 1̇ | 3̇ 1̇ | 1̇ — ‖

准备动作

第1—4小节,面向1点,眼睛平视,双手叉腰,双腿并拢正步位,保持一个八拍。

主体动作

1. 第5—8小节。

1—4　左手叉腰,右手伸直,一拍一次从右往左绕腕(图1-6-1)。

5—6　左手叉腰,右手伸直,一拍两次从右往左绕腕。

7—8　右手叉腰跺右脚。

2. 第9—12小节。

1—4　右手叉腰,左手伸直,一拍一次从左往右绕腕。

5—6　右手叉腰,左手伸直,一拍两次从左往右绕腕。

7—8　左手叉腰跺左脚。

3. 第13—16小节。

1—8　从右至左,叉腰绷脚平踏步。

4. 第17—20小节。

1—2　面向1点,双手旁平位屈肘拍肩。

3—4　转身向2点,双手扩指由旁平位直肘变旁斜下位。

5—6　重复1—2。

7—8　转身向2点,双手扩指由旁平位直肘变旁斜下位(图1-6-2)。

5. 第21—24小节。

1—8 每2拍从右至左屈肘摆手,脚保持正步位站立(图1-6-3)。

6. 第25—28小节。

1—8 从右至左,叉腰平地踏步。

7. 第29—32小节。

1—2 转身面向2点,双手四指并拢,虎口张开,屈肘置于脸旁做喊话状。

3—4 面向1点双手扶腰。

5—6 转身面向8点,双手四指并拢,虎口张开,屈肘置于脸旁做喊话状。

7—8 面向1点双手扶腰。

8. 第33—36小节。

1—8 一拍一次交叉挥手,扩指,双手交叉时双膝同时下蹲(图1-6-4)。

9. 第37—40小节。

1—2 双手搭肩。

3—4 双手叉腰。

5—8 身体挺直往前倾,头往右看。

10. 第41—44小节 同第33—36小节。

11. 第45—48小节。

1—4 双手搭肩。

5—6 双手往后画立圆。

7—8 定造型(图1-6-5)。

结束动作

上身前倾,面向8点,双手头顶上方,扩指模仿大灰狼做手爪型。

四、教学视频

我不上你的当(正面)　　我不上你的当(背面)

五、注意要点

1. 绕腕时,手肘自然伸直,指尖用力。

2. 踏步时,上身挺直,绷脚,重力往下。

3. 搭肩时,双手曲肘向旁打开与肩形成一平面。

六、示范图例

图 1-6-1

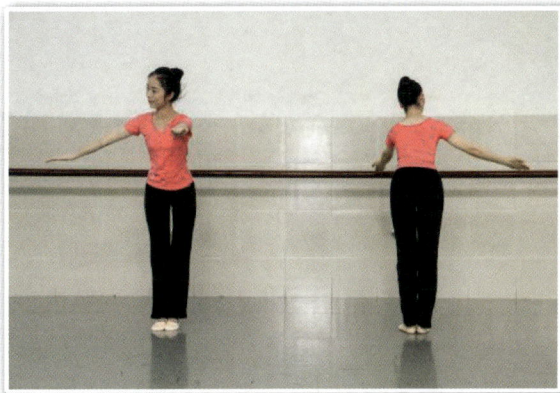

图 1-6-2

图 1-6-3

图 1-6-4

图 1-6-5

7. 手型练习《鲜花开》

一、学习目标

1. 训练手腕的灵活性。
2. 训练手腕的力度。
3. 训练手的方位（上位、旁斜上位、旁平位、旁斜下位）。

二、教学知识点

1. 对腕：双手手腕相对，压腕成花型。
2. 旁按手位：双臂置于体侧 45°成旁斜下位，手臂自然伸直，手掌虎口张开，四指并拢，掌心朝下，手腕内侧着地面，手指尖用力向上挑。
3. 旁提腕：双手手腕向上提起，手臂自然伸直。
4. 转臂：双手大臂转动，保持扩指手型。
5. 扩指：五指张开，指尖用力，尽量张开到最大。

> **教学提示**
>
> 手位的规格：旁斜下位，与身体形成 45°角；旁平位，与身体形成 90°角；旁斜上位，与身体形成 135°角；上位，与身体形成 180°角。

三、教学内容

音乐

手的训练

鲜 花 开
(手型练习)

1=♭E 4/4

```
2 5  2 5  5 2  5  | 1 4  1 4  4 1  4  | 3 33 3 3  4 3  2  | 5 55 2 3  1 1  1  |
```

[5]
```
5  5 5 5 5 5  5  | 6  6 5 5  —  | 5· 5 5 5 5 2 5  | 2/4 4 4  4  | 4 4 4  |
```

[10]
```
4/4 5  5 4 3  —  | 4· 4 4 4  5 4  3  | 4  4 3 2  2  2  | 2/4 4 3 2  |
```

[15]
```
4/4 3 3  3 2  1  1  | 2/4 3 2 1  | 4/4 2  3 4 5  6  | 5 4  3 2 1  1  —  :||
```

准备动作

第1—4小节,面向1点,双腿跪坐,双手旁按手位准备,保持两个八拍。

主体动作

1. 第5—6小节。

1—4 双手在胸前,两腕相对,成花型(对腕),右手先起,两拍一动(图1-7-1)。

5—8 两侧倾头,一拍一动,按右、左、右顺序,最后一拍头回正(图1-7-2)。

2. 第7—9小节。

1—4 点头4次,一拍一动。

5—8 双手两腕相对,成花型,向上托举,仰头,眼看手方向(图1-7-3)。

3. 第10—11小节。

1—4 双手扩指,依次在正上位、旁斜上位、旁平位、旁斜下位转腕,重拍向外,一拍一个,最后压腕放在旁斜下位(图1-7-4)。

5—8 双手旁按手,依次右、左、右倾头,一拍一动,最后一拍头回正。

4. 第12—13小节。

1—4 双手对腕成花型,身体向前塌腰,胸尽量贴大腿,眼看正前方。

5—6 保持舞姿。

5. 第14—15小节。

1—4 双手保持对腕成花型,上身从前倾变双手上举,仰头看手方向。

5—6 保持舞姿。

6. 第16—17小节。

1—6 双手扩指,依次在正上位、旁斜上位、旁平位、旁斜下位朝外转大臂,重拍向外,一拍一个。

7—8 压腕在旁斜下位。

音乐重复一遍。

7. 第 1—4 小节。

双手旁提腕,旁压腕,两拍一动,重拍上提(图 1-7-5)。

8. 重复第 5—17 小节动作。

结束动作

面向 1 点,双腿跪坐,双手旁按手位。

四、教学视频

鲜花开(正面)

鲜花开(背面)

五、注意要点

1. 注意在做旁提腕、旁压腕时手臂自然伸直。
2. 注意手的方位。
3. 注意在做手的动作时上身保持挺拔。
4. 做转臂时扩指,重拍向外。

六、示范图例

图 1-7-1

图 1-7-2

图 1-7-3

图 1-7-4

图 1-7-5

8. 脚位练习《洋娃娃和小熊跳舞》

一、学习目标

1. 正步位与小八字脚位的转换。
2. 提腕与压腕的准确性。
3. 旁点地与正步位的转换。

二、教学知识点

1. 正步位：双腿内侧、脚的内缘并拢，双脚脚尖和脚跟并齐。
2. 小八字位：两脚跟相靠，脚尖外开，两脚内缘形成90°角。
3. 旁按手：双臂置于体侧45°成旁斜下位，手臂自然伸直，手掌虎口张开，四指并拢，掌心朝下，手腕内侧着地面，手指尖用力向上挑。

教学提示

1. 脚位练习，是髋关节的内外旋的运动模式练习，站位时要注意从大腿开始转动，臀大肌使劲，形成小八字位。
2. 舞蹈时可以捕捉洋娃娃与小熊的公仔形象，提高表现力。

三、教学内容

音乐

脚的练习

洋娃娃和小熊跳舞
（脚位练习）

1=♭E 2/4

1234 5 1 | 7 2 5 67 | 1 76 5 1 | 3234 5 | [5] 1234 5 1 | 7 2 5 67 |

1 5 4 32 | 1 3 1 | [10] 1 2 3 4 | 5 5 5 3 | 4 4 4 2 | 1 3 5 0 |

1 2 3 4 | 5 5 5 3 | [15] 4 4 4 2 | 1 3 1 0 | 6 6 6 4 | 5 5 5 3 |

[20] 4 4 4 2 | 1 3 5 0 | 6 6 6 4 | 5 5 5 3 | 4 4 4 2 | 1 3 1 0 ‖

准备动作

第1—4小节，面向1点，眼视正前方，正步位，旁按手。音乐起，右转头，半脚尖向右原地转一圈，一个八拍(图1-8-1)。

主体动作

1. 第5—6小节。

1—2 打开小八字脚位，双肘架起，双手虎口张开，四指并拢，叉腰(图1-8-2)。

3—4 脚掌内侧并拢，从小八字回到正步位，双手推手回到旁按手位。

2. 第7—8小节 同第5—6小节。

3. 第9—10小节。

1—2 右脚向旁点地，右倾身，双手提腕，五指并拢，指尖朝下，头向右倾头，第2拍身体回正，双手变回旁按手位。

3—4 右脚收回变为正步位，双手压腕，五指并拢，指尖朝下，头回正，第4拍双手变回旁按手位。

4. 第11—12小节。

1—2 左脚向旁点地，左倾身，双手提腕，五指并拢，指尖朝下，头向左倾头，第2拍身体回正，双手变回旁按手位(图1-8-3)。

3—4 左脚收回变为正步位，双手压腕，五指并拢，指尖朝下，头回正，第4拍双手变回旁按手位。

5. 第13—16小节 同第5—8小节。

6. 第17—20小节 同第9—10小节。

7. 第21—22小节。

1—2 正步位向上勾脚，双手压腕伸直位于前斜下位，上半身向前倾(图1-8-4)。保持正步位，双手回到旁按手位。

3—4 打开小八字脚位，双肘架起，双手虎口张开，四指并拢，叉腰。

8. 第 23—24 小节。

1—2　小八字变成正步位,双手推手变成旁按手位。

　　　保持正步位,双肘架起,双手虎口张开,四指并拢,叉腰。

3—4　耸压肩 3 次,重拍在下,第 2 拍停。

结束动作

面向 1 点,眼视正前方,正步位、双手叉腰。

🍄 四、教学视频

洋娃娃和小熊跳舞(正面)

洋娃娃和小熊跳舞(背面)

🎸 五、教学提示

1. 正步位转变为小八字时从脚跟再到脚尖落地。
2. 旁按手时手臂自然伸直,指尖用力向上挑。

💿 六、示范图例

图 1 - 8 - 1

图 1 - 8 - 2

图 1-8-3

图 1-8-4

9. 走步练习《我上幼儿园》

一、学习目标

1. 训练脚的灵活性。
2. 训练幼儿手脚协调。
3. 在完成组合后可自行加入队形变换,训练方向感及空间感。

二、教学知识点

1. 原地踏步:抬起单脚呈90°,绷脚尖,重心向下。
2. 向前踏步:抬起单脚呈90°,绷脚尖,重心向下并向前踏一步。
3. 向后踏步:抬起单脚呈90°,绷脚尖,重心向下并向后踏一步。

三、教学内容

音乐

舞步训练

我上幼儿园
(走步练习)

1= D 4/4

6 7 1 6 5 1 3 | 5 3 2 3 1　—　| 3 5 2 3 1　5 | 6 1 6 1 5　—　| [5] 6 7 1 6 5 1 3 |

5 3 2 3 1　—　| 6 7 1 6 5 1 3 | 5 3 2 3 1　—　| 3 5 2 3 1　5 | [10] 6 1 6 1 5　—　|

6 7　1 6　5 1　3 | 5 3　2 3　1· | 2 3 | 5 3　2 6　1　—　‖

第 1—2 小节,面向 1 点,正步位,双手叉腰,保持一个 8 拍。

主体动作

1. 第 3—4 小节。

1—6　原地踏步,一拍一抬,右脚先抬,抬起时脚需绷脚尖,大腿与小腿呈 90°(图 1-9-1)。

7　双手在胸前拍手(图 1-9-2)。

8　旁按手(图 1-9-3)。

2. 第 5—6 小节　同第 3—4 小节。

3. 第 7—8 小节　同第 3—4 小节。

4. 第 9—10 小节。

1—6　往前踏步,一拍一个,右脚先起,脚离地时绷脚尖。

7　双手在胸前拍手。

8　旁按手。

5. 第 11—12 小节。

1—6　往前踏步,一拍一个,右脚先起,脚离地时绷脚尖。

7　双手在胸前拍手。

8　旁按手。

6. 第 13 小节。

1—2　正步位,旁按手。

3　双手在嘴前做亲吻状(图 1-9-4)。

4　旁按手位结束。

结束动作

面向 1 点,正步位,双手旁平位。

四、教学视频

我上幼儿园(正面)

我上幼儿园(背面)

🎸 五、注意要点

1. 踏步抬脚时需注意绷脚。
2. 抬脚小腿和大腿呈 90°直角。
3. 踏步时双手叉腰。

💿 六、示范图例

图 1-9-1

图 1-9-2

图 1-9-3

图 1-9-4

10. 跑跳步练习《小陀螺》

一、学习目标

1. 跑跳的过程中,摆动腿抬高绷脚贴另条腿膝盖内侧,起跳后不能出现后踢动作,必须是直腿跃起。
2. 在跑跳过程中要出现双腿绷脚腾空的状态并保持上身的稳定性。
3. 增强中段力量,提高协调能力,增加辅助练习。

二、教学知识点

1. 勾脚:脚尖最大限度向膝盖的方向勾起,脚跟往远蹬,脚与腿部形成勾曲式造型。
2. 压腕:在"掌形"的状态下,腕关节做下压的动作。

教学提示

1. 跑跳步的练习就是吸跳步的前进练习,吸跳步过程中,动力腿要形成前中吸腿,与躯干成 90°角,主力腿迈步踏地时要进行原地单腿小跳。
2. 碎步,即细小的"舞步"。"正步位"半脚掌着地交替快速移动,腿部不要僵直,双膝松弛,上身平稳。
3. 动作时,捕捉舞蹈形象,如碎步后退时如同游来的小金鱼般,提高表演性。

三、教学内容

音乐

舞步训练

小 陀 螺
（跑跳步练习）

1=♭B　4/4

```
5    3·34·32·1 | 5    3·33   —   | 5    3·34·32·1 | 5    2·22   —   | [5] i̇    i̇·6 i̇ 6   ♭6̇ |

5    3̇   3̇   —   | 5̇·6̇ 5̇·3̇ 4̇·3̇ 2̇ | i̇   —   i̇   —   | 5    3·34·32·1 | [10] 5   3   2   —   |

3    5·56 6 6 | 7   3   5   0   | 5   3·34·32·1 | 5 5 3   2   —   | [15] 5   3   6 6 5 |

6 6 7 7 i̇   —   | 5   3   2   3   | 5   3   2   —   | 5   3   6   3   | [20] 2   #4   5   —   |

5   3   5   3   | 5   3   2   —   | 5   3   5   3   | 6̣   7̣   1   —   | [25] 5   3·34·32·1 |

5   3·33   —   | 5   3·34·32·1 | 5   2·22   —   | i̇   i̇·6 i̇ 6   ♭6̇ | [30] 5   3   3   —   |

5̣·   6̣   5̣·   3̣   4̣·   3̣   2̣   |   i̇   —   —   i̇   —   ‖
```

准备动作

正步位站立，双手叉腰，上身挺拔，身向 2 点方向。

主体动作

1. 第 1—2 小节。

1—4　准备动作不动。

5—6　脚尖打开成小八字位。

7—8　保持不动。

2. 第 3—4 小节。

1—4　保持不动。

5—6　右脚经过绷脚——勾脚右跨一步与肩同宽，同时叉腰手打开成旁按手位（图 1 - 10 - 1）。

7—8　保持不动。

3. 第 5—6 小节。

1—2　勾左脚同时左手提压腕，眼看左手方向，向右方倾身（图 1 - 10 - 2）。

3—4　勾右脚同时右手提压腕，眼看右手方向，向左方倾身。

5—6　勾左脚同时左手提压腕，眼看左手方向，向右方倾身。

7　勾右脚同时右手提压腕，眼看右手方向，向左方倾身。

8　最后一拍身体回正，大八字位旁按手。

4. 第 7—8 小节。

1—4　保持大八字位旁按手，挺拔站立。

5—6　右脚向后方侧步，双手插腰，右转头，眼看右肩方向。

7—8　重心移向右脚，左脚绷脚尖点地，双手插腰，头回正，目视1点（图1-10-3）。

5. 第9—10小节。

1—6　跑跳步，右、左脚重复三次。

7—8　双脚空中并拢绷脚，落地。

6. 第11—12小节。

1—2　面向8点，双手提腕，手背相贴上举，目视前方（图1-10-4）。

3—4　双手回到旁按手位，身体转向1点，目视1点。

5—6　面向8点，双手提腕，手背相贴上举，目视前方。

7—8　双手回到旁按手位，面向8点，同时左脚绷脚尖向前点地。

7. 第13—14小节。

1—6　跑跳步，右、左脚重复三次。

7—8　双脚空中并拢绷脚，落地。

8. 第15—16小节。

1—6　后退碎步（右脚在后），同时双手旁平位做波浪状（大臂——小臂——腕关节——手指尖），目视1点。

7　左脚向后方侧步，双手叉腰，左转头，眼看左肩方向。

8　右脚绷脚尖向前点地，头回正，目视1点。

9. 第17—18小节。

1—6　跑跳步，左右脚重复三次。

7—8　双脚空中并拢绷脚，落地。

10. 第19—20小节。

1—2　面向2点，双手提腕，手背相贴上举，目视前方。

3—4　双手回到旁按手位，身体转向1点，目视1点。

5—6　面向2点，双手提腕，手背相贴上举，目视前方。

7—8　双手回到旁按手位，面向2点，同时右脚绷脚尖向前点地。

11. 第21—22小节。

1—6　跑跳步，左、右脚重复三次。

7—8　双脚空中并拢绷脚，落地。

12. 第23—24小节。

1—6　后退碎步，同时双手旁平位做波浪状（大臂——小臂——腕关节——手指尖），目视1点。

7　右脚向后方侧步，双手叉腰，低头。

8　右脚收回与左脚形成正步位，头回正，目视1点，回到准备动作。

13. 第25—26小节。

1—4　准备动作不动。

5—6　脚尖打开成小八字位。

7—8　保持不动。

14. 第27—28小节。

1—4　保持不动。

5—6　右跨一步与肩同宽，同时旁按手位。

7—8　保持不动。

15. 第 29—30 小节。

1—2　勾左脚同时压左手腕，收。

3—4　勾右脚同时压右手腕，收。

5—6　勾左脚同时压左手腕，收。

7—8　勾右脚同时压右手腕，收。

16. 第 31—32 小节。

1—2　收右脚与左脚形成小八字位，保持旁按手。

3—6　保持不动。

7—8　双手叉腰，同时脚收回到正步位。

结束动作

正步位站立，双手叉腰，上身挺拔，身向 1 点方向。

四、教学视频

小陀螺

五、注意要点

1. 跑跳步过程中同步起跳落地，保持上身挺拔稳定。
2. 勾脚与压腕要同时进行。
3. 提高自身控制协调能力。

六、示范图例

图 1-10-1

图 1-10-2

图 1－10－3

图 1－10－4

11. 蹉步练习《我们一起来跳舞》

一、学习目标

1. 掌握正确的蹉步及舞姿。
2. 训练身体各部位的协调性和灵活性。
3. 培养稳定的节奏感。

二、教学知识点

1. 蹉步：向前蹉步时要注意推起脚跟，同时绷脚背。
2. 交替推脚跟：推脚跟时脚趾抓地，脚跟用力推。
3. 擦地：向旁擦地时，从脚跟、脚掌到脚尖推起向旁擦地。
4. 托掌：保持手臂到手指流线弧形，不要折手腕。
5. 提腕和压腕：提腕时手腕用力重拍向上，压腕时手腕用力重拍向下。

教学提示

1. 蹉步也就是追步，是一种带有小跳性质的"舞步"，本组合中练习的是向前的追步，即（以右脚为例）右脚向前迈出成右"前虚步半蹲"，接着经前擦地跳起，左脚紧跟其后，两脚小跳在空中形成"丁字位绷脚"直膝，落地成右"前虚步半蹲"。

2. 此舞蹈组合的"蹉步"训练，为后期大跳训练做铺垫，是教学的重难点，可先对此步伐进行单一的训练，再组合练习。

三、教学内容

音乐

舞步训练

我们一起来跳舞

（蹉步练习）

1= E 4/4

```
0  0  0  6 | 7 6 6· 3 | 6 — — — | 0 6 i 6 | [5] 2· — i 7 |
0  7  i  7 | 6 — — — 6 — — — | 6 6665 40 | [10] 5 5555 30 |
4 444 321 | 2 1233 30 | 6 6665 40 | 5 5555 30 | [15] 4 444 321 |
3 336 0 ‖: 3 323 — | 3 326· — | [20] 6 i 656 012 | 30 333 012 |
30 30 30 0 | 2 — 2· 3 | 6· 132 — | [25] 5653 2317 | 60 666 0(17 |
60 60 60 0) | 6 — 6· 5 | 432 — — | [30] 5 — 5· 6 | 321 — — |
2 — 2· 2 | 1235 2 20 | 5653 2317 | [35] 60 6660 17 | 60 60 60 0 |
2 — 2· 2 | 1235 2 20 | 5 5356 i7 | 60 666 0(17 | [40] 60 60 60 0) :‖
```

准备动作

第1—2小节，背对1点，右脚单膝跪地，低头，双手在体侧，中指指尖轻触地面。

主体动作

1. 第3—4小节。

1—4　背对1点，后排起身并脚，同时双手交叉于腿前向两侧打开托掌到旁斜上位。头部随手部向上的动作仰头，眼视前斜上位（图1-11-1）。

5—8　站立不动。

2. 第5—6小节。

1—4　背对1点，前排起身并脚，同时双手交叉于腿前向两侧打开托掌到旁斜上位。头部随手部向上的动作仰头，眼视前斜上位。

5—8　站立不动。

3. 第7—8小节。

1—4　背对1点，4拍双手沉肘收回至体侧，五指并拢掌心贴大腿外侧，头正后方。

5—8　以左腿为轴，从左向后转，右脚并左脚成正步位，目视1点。

4. 第9—10小节。

1—8　双手叉腰,身向8点,目视1点,右左交替推脚跟,两拍一动,共4次(图1-11-2)。

5. 第11—12小节。

1—8　上身保持,右左交替推脚跟,一拍一动,共7次,停在右脚。同时双手向身体两侧打开托掌,最后一拍左手位于旁斜上位,右手与肩齐高向后方延伸,眼随左手(图1-11-3)。

6. 第13—16小节。同第9—12小节,反面动作。

7. 第17—18小节。

1—2　左脚向旁迈步,右脚在旁绷脚,脚尖点地,身体向左倾,同时右手提腕在前平位,左手提腕在旁平位。

3—4　移重心到右脚,左脚在旁绷脚,脚尖点地,身体向右倾,同时左手提腕在前平位,右手提腕在旁平位。

5—8　重复1—4动作。

8. 第9—21小节。

1—2　左手向后掏手形成旁按手,右手旁按,左脚并右脚形成正步位。

3—4　双手保持旁按手位,右脚勾脚向旁迈步,左倾头,目视1点(图1-11-4)。

5—6　左脚并右脚形成正步位,双膝夹紧站直,双手保持旁按手。

7—10　重复3—6动作。

11—12　朝8点方向半蹲,目视1点,双手头前曲肘架起,手掌心朝下,指尖相对于距离额头一拳做帽檐状。

9. 第22—26小节。同第17—21小节,做反面动作。

10. 第27—28小节。

1—2　面向1点,左脚向前蹉步,右手向前提腕到前平位,左手提腕到旁平位。

3—4　面向1点,右脚向前蹉步,左手向前提腕到前平位,右手提腕到旁平位。

5—8　重复1—4。

11. 第29—30小节。

1—4　左脚直立膝盖,右脚绷脚尖旁点地,重心在左脚。同时左手托掌向上,右手按掌架于胸前。

5—8　右脚直立膝盖,左脚绷脚尖旁点地,移重心至右脚。同时右手托掌向上,左手按掌架于胸前(图1-11-5)。

12. 第31—32小节。

1—2　左转身面向5点,左脚向前蹉步,右手向前提腕到前平位,左手提腕到旁平位。

3—4　面向5点,右脚向前蹉步,左手向前提腕到前平位,右手提腕到旁平位。

5—8　重复1—4。

13. 第33—35小节。

左转身面向1点,同第29—30小节动作。

9—12　保持舞姿。

14. 第36—37小节。

1—4　左脚全脚向前踏步屈膝,右脚膝盖贴左脚膝盖窝,左手背手,右手摊掌由上至下与肩齐高。

5—8　右脚擦地从推脚跟、推脚掌、绷脚尖往旁擦地,左手背手,右手划平圆点至左肩。右肩朝1点方向,目视1点。

15. 第38—40小节。

1—4　右脚全脚向前踏步屈膝,左脚膝盖贴右脚膝盖窝,右手背手,左手摊掌由下向上与肩齐高。

5—8　左脚擦地从推脚跟、推脚掌、绷脚尖往旁擦地,右手背手,左手划平圆点至右肩,左肩朝1点方向,目视1点。

9—12　保持舞姿。

从第17小节重复第二遍音乐,动作同第17—40小节。

结束动作

双手旁斜下位,向上托掌位于旁斜上位,同时右脚经过屈膝—直膝向前迈步,仰头45°,目视斜上方。

四、教学视频

我们一起来跳舞(正面)　　　我们一起来跳舞(背面)

五、注意要点

1. 在向前蹉步时要注意手脚的协调动作,同时头部也要协调地微微向两侧倾头。

2. 向旁擦地时的步骤是从脚跟、脚掌到脚尖推起向旁擦地,注意另一只脚的膝盖要伸直。

3. 在做提腕和压腕的动作时要注意提腕重拍向上,压腕重拍向下。

六、示范图例

图 1-11-1

图 1-11-2

图 1-11-3

图 1-11-4

图 1-11-5

12. 点头练习《刷牙歌》

一、学习目标

1. 训练双跪坐及双跪立做动作时身体的稳定性。
2. 头部点动时保持刷牙手型,手指主动上下移动,手腕被动运动。
3. 训练匀速拍子感。

二、教学知识点

1. 双跪坐:双腿并拢,跪坐于脚跟,后背挺拔直立。
2. 双跪立:双腿并拢,跪立于地面,大腿垂直于小腿 90°,后背挺拔直立。
3. 旁按手:手掌虎口张开,四指并拢,掌心朝下,手腕内侧找地面,手指尖用力向上挑。
4. 点头:头部上下点动,重拍在下。

教学提示

1. 点头向下即颈椎前屈运动,为低头,下巴找锁骨。
2. 点头向上时即颈椎回到中立位,面朝前双眼平视前方。
3. 仰头时注意肩胛骨保持向后向下沉,颈椎后伸形成 30°~45°角。
4. 左右倾头时,肩胛骨同样保持稳定,耳朵找肩峰,颈椎侧屈形成 45°角。
5. 教学中,可以假设牙齿里藏了一个淘气的蛀牙先生,要用手指牙刷把它赶出来,提高舞蹈的趣味,通过舞蹈帮助幼儿认识到爱护牙齿、养成刷牙习惯的重要性。

三、教学内容

音乐

头部训练

刷 牙 歌
（点头练习）

1= C 2/4

准备动作

第1—2小节，面向1点，双跪坐，旁按手位，眼睛平视前方，保持两个八拍。

主体动作

1. 第3—4小节。

1—2 双跪坐，上身直立，左手掌形在身体左侧旁按手位，右手食指在嘴巴右前，点头时手指主动上下点动，头向2点方向，一拍一次，重拍在下（图1-12-1）。

3—4 动作同上，点头时一拍二次，共三次，最后一拍保持，重拍在下。

2. 第5—6小节。

1—2 双跪坐，上身直立，右手点指在身体右侧旁按手位，左手食指在嘴巴左前，点头时手指主动上下移动。头向8点方向，一拍一次，重拍在下。

3—4 动作同上，点头时一拍二次，最后一拍保持，重拍在下。

3. 第7—9小节。

1—2 双跪坐，上身直立，双手食指位于嘴巴前面，点头时手指同时上下移动头向1点方向，1拍一次，重拍在下（图1-12-2）。

3—6 动作同上，双手手指绕圈多次，头部不动。

4. 第10—11小节。

1—4 双手旁按手位，仰头看向天花板（图1-12-3）。

5. 第12—13小节。

1—4 双手旁按手位，低头看向地面（图1-12-4）。

6. 第14—15小节。

1—4 双手旁按手位，头向右倾，看1点（图1-12-5）。

7. 第 16—17 小节。

1—4　双手旁按手位,头向左倾,看 1 点。

8. 第 18—19 小节。

1—2　双跪立,上身直立,左手掌形在身体左侧旁按手位,右手食指在嘴巴右前,点头时手指上下移动。头向 2 点方向,一拍一次,重拍在下。

3—4　动作同上,点头时一拍二次,共三次,最后一拍保持,重拍在下。

9. 第 20—21 小节。

1—2　双跪立,上身直立,右手单指在身体右侧旁按手位,左手食指在嘴巴左前,点头时手腕上下移动。点头时头向 8 点方向,一拍一次,重拍在下。

3—4　动作同上,点头时一拍二次,共三次,最后一拍保持,重拍在下。

10. 第 22—24 小节。

1—2　双跪立,上身直立,双手食指位于嘴巴前面,点头时手指同时上下移动,头向 1 点方向,一拍一次,重拍在下。

3—6　动作同上,双手手指绕圈多次,头部不动。

结束动作

第 25—26 小节

1—2　双跪立,双手点指小臂交叉,右手在上,仰头。

3—4　身体前倾,双手打开至旁按手位,呈漱口姿势。

四、教学视频

刷牙歌

五、注意要点

1. 做点头训练时,食指不要太贴近嘴巴,手指上下点动与点头节奏一致,重拍在下。

2. 仰头时,眼睛看向天花板,后背挺拔,不耸肩。

3. 旁按手位时,虎口打开,四指并拢,指根发力,指尖向上延伸,按掌,放在身体两侧的斜下位。

六、示范图例

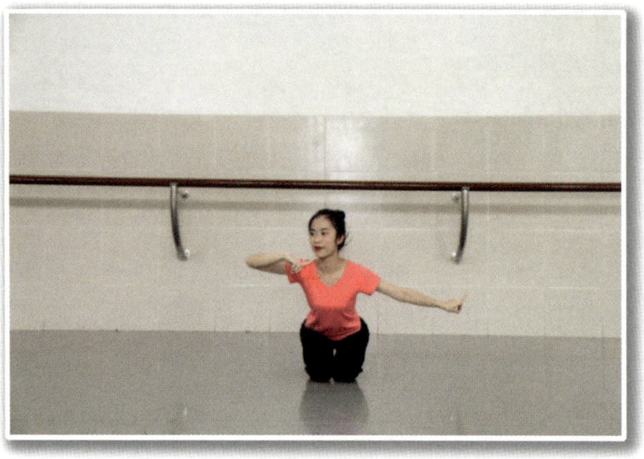

图 1 - 12 - 1

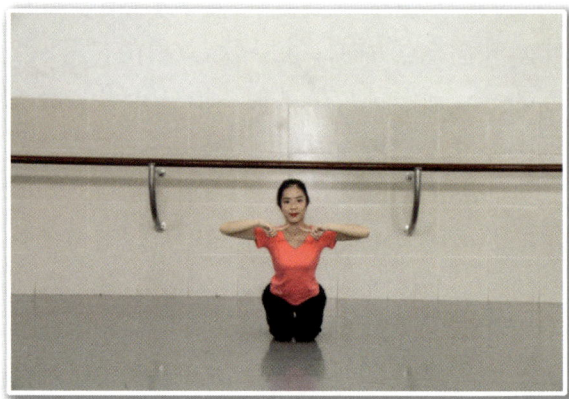

图 1 - 12 - 2

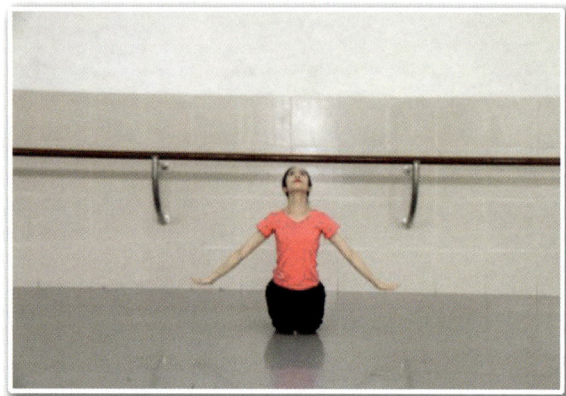

图 1 - 12 - 3

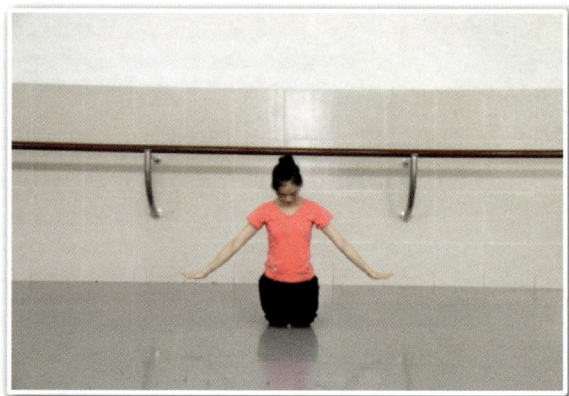

图 1 - 12 - 4

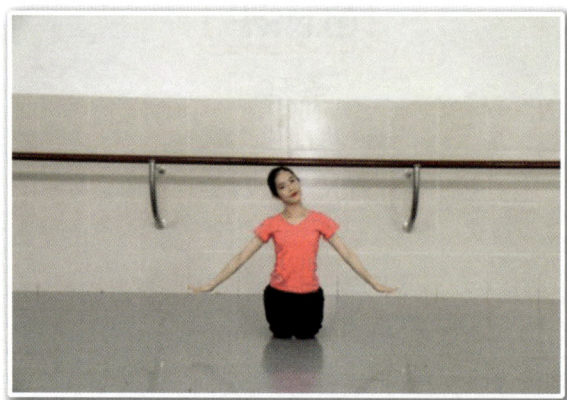

图 1 - 12 - 5

13. 综合表演1《弟子规》

一、学习目标

1. 通过综合表演训练,增强舞蹈表现力和肢体动作的协调性。
2. 原地小跑步时,上身重心要平稳,步子有弹性。
3. 双手屈肘拿书卷时,双臂要打开与肩同宽。

二、教学知识点

1. 小跑步:双腿交替提膝,脚尖自然下垂,前脚掌落地,步子要轻盈。
2. 横移步:横移步时注意方位变换,重心转换要迅速且均匀。
3. 头部带动胸腰转动时,肩胛骨向内夹,胸椎上顶。
4. 双手拿书卷做手臂屈伸动作时,要沉肩,手臂要有延伸感。
5. 蹦跳步:双脚登地跳起,空中双腿伸直,双脚掌落地,同时双腿屈膝。

教学提示

　　胸腰的转动,即"涮胸"动作,是胸椎的前屈、侧屈与后伸的运动模式。以向右侧运动为例,动作中腰椎保持相对稳定,胸椎向前、右旁、后再向左旁形成水平面的圆形运动。

三、教学内容

音乐

弟 子 规

(综合表演 1)

1= C 4/4

5̂5̂5̂ 5 35 3 | 0 6 67 6 | 51356534 | 5 — — — | 5 353 — | 5 353 — |

1 656 — | 5 232 — | 1 55 — | 1 6̣1̣6̣ — | 2 236̣ 3 | 2 232 — |

1 123 — | 2 232 — | 3 55 — | 6 65 — | i i i — | i 656 — |

2 226 | 5 55 — | i i i — | i 656 — | 2 226 | 5 0 0 56 |

i — — — ‖: i i i i 35 3 | 0 6 67 6 | 51 35 6534 | 5 — — — :‖

Fine.   *D.S.*

准备动作

面向 5 点站立,双腿并拢伸直,双手拿书卷,手臂下垂伸直在身体前方。

主体动作

1. 第1—2 小节。

1—4　站立不动。

5—6　双脚打开与肩同宽,双手拿书卷手臂伸直向上。

7—8　身体向右转向 7 点,双手直臂从头顶划向 7 点,双脚踏步。

2. 第3—4 小节。

1—6　面向 1 点方向,原地小跑步配合双手前后摆臂,右手拿书卷。

7—8　并脚,双手拿书卷,手臂下垂在身体前方。

3. 第5—6 小节。

1—4　双腿打开,双手拿书卷,身体向 2 点方向塌腰,手臂向 2 点方向屈伸一次(图 1-13-1)。

5—8　同上 1—4 动作,身体手臂方向为 8 点。

4. 第7—8 小节。

1—2　面朝 1 点,弯腰身体向下,双手拿书卷,手臂伸直贴向地面(图 1-13-2)。

3—4　丁字步,左脚前右脚后,双手屈肘在胸前,大臂要架起来,右手竖握书卷,左手掌形,呈抱拳状(图 1-13-3)。

5—8　头部带动胸腰,从左至右转动一圈后回正(图 1-13-4)。

5. 第9—10 小节。

1—4　右手拿书卷,双手背后,身体前倾,眼看 7 点方向。

5—6　并脚,屈膝同时双手拿书卷在膝盖位置。

7—8　双手拿书卷从膝盖位置拉到头顶,手臂伸直,眼看上方书卷(图1-13-5)。

6. 第11—12小节。

1—6　立半脚,小碎步从右边转动一圈后回正。

7—8　双臂从头顶拉下到胸前位置。

7. 第13—14小节。

1—4　向2点方向横移两步,同时双臂在胸前做两次连续划圈动作。

5—8　面朝2点,手臂动作不变,头部带动胸腰,从左至右转动一圈后回正。

8. 第15—16小节。

1—8　向8点,动作同第13—14小节。

9. 第17—18小节。

1—4　双腿打开,双手拿书卷,向2点方向塌腰,手臂向2点方向连续做两次屈伸,一拍一下。

5—8　同上1—4动作,身体手臂方向为8点。

10. 第19—20小节。

1—4　面朝1点,双手拿书卷,弯腰身体向下,手臂伸直贴向地面。

5—6　双臂拉到头顶位置,手臂伸直,眼随手动。

7—8　双臂从头顶位置拉到胸前位置。

11. 第21—22小节。

1—4　面朝1点,右脚向右横移两步,同时双臂在胸前做两次连续画圈动作。

5—8　面朝3点,左脚向左横移两步,同时双臂在胸前做两次连续画圈动作。

12. 第23—24小节。

1—4　面朝5点,右脚向右横移两步,同时双臂在胸前做两次连续画圈动作。

5—8　面朝7点,左脚向左横移两步,同时双臂在胸前做两次连续画圈动作。

13. 第25小节。

1—4　面朝1点,双腿打开,双手握书卷,手臂下垂伸直。

14. 第26—27小节。

1—4　双腿蹦跳步,同时双臂从下拉到头顶上方,右左直臂摆动,一拍一下。

5—6　保持蹦跳步,双臂在胸前伸直拉回,一拍一下。

7—8　双腿打开与肩同宽,双臂伸直向下。

15. 第28—29小节。

1—8　重复第26—27小节动作。

从第5小节重复第二遍音乐,动作同第5—25小节的动作。

结束动作

1—2　右脚全脚向前迈步,左脚踏步点地。

3—8　右手拿书卷,双手交叉打开至斜下位,经过按掌——托掌向斜上位仰头,目视斜上方。

四、教学视频

弟子规

五、注意要点

1. 横移步四个方位转变时,注意手臂的环动和脚的步伐节奏的一致。
2. 直臂摆动时,注意肩膀要下沉。
3. 转圈时用脚尖点地,小碎步转,后背要收紧。

六、示范图例

图 1-13-1

图 1-13-2

图 1-13-3

图 1-13-4

图 1 - 13 - 5

14. 综合表演2《我爱洗澡》

一、学习目标

1. 训练胯部的灵活性。
2. 蹦跳步时,双脚要轻巧而有弹力,并保持上身的稳定。
3. 通过综合表演训练,增强舞蹈表现力和肢体动作的协调性。

二、教学知识点

1. 小跑步:双腿交替提膝,脚尖自然下垂,前脚掌落地,步子要轻盈。
2. 侧踵趾步:动作时(以右腿为例)第一拍右脚勾脚跟在身体前方着地,左腿屈膝,身体向右前俯倾斜;第二拍右脚脚尖落地,左腿屈膝,身体向左腿后倾斜。
3. 蹦跳步:双脚蹬地跳起,空中双腿伸直,双脚掌轻落地,同时双腿屈膝。
4. 搓背:(以右臂为例)两手握拳,右臂举在右肩上,左臂往左后屈伸,斜上斜下拉伸。
5. 扩指:手掌张开时五指扩张,指根用力。

> **教学提示**
>
> 胯部的灵活训练,主要是指骨盆前后倾与左右侧倾的练习,此动作是本组合的重难点,在教学中先进行单一的骨盆运动模式练习,再组装动作。

三、教学内容

音乐

我 爱 洗 澡

（综合表演 2）

$1 = {}^\flat B$ $\frac{4}{4}$

```
3    3·5 1  1·3 | 2·#1 2·3 4 | 2·1 | 7  6  5  7 | 1  —  —  — |

[5]
‖: 5·3 3 3  3·3 2 1 | 0   0 1 1·2 3 | 4·4 4·4 5·4 3 2 | 0   0 2 2·3 4 |

[10]
[1.]
6·6 6  —  — | 6  0  5  5 | 3  —  —  — | 3  —  —  — :‖

[13]
[2.]
6  0  5  7 | 1  —  —  — | 1  —  —  — ‖: i  i i i  7·6 |

[20]
7 7  7 7  6·5 | 6  0 6 6  i | 7  6  5  — | i  i i i  7·6 |
[1.]
7 7  7 7  6·5 | 6·6 6 6  i | 7  i  7  — :‖ 6  6·6 6  i |
[2.]

[25]
i  —  i  7 | i  —  —  — | i  —  —  — ‖
```

面向 5 点站立,左腿直立,右腿屈膝脚掌点地,左手反手叉腰,右手扩指旁平位(图 1-14-1)。

主体动作

1. 第 1—2 小节。

1—4　右手摸头,左手摸头,右手反手叉腰,左手反手叉腰,四个动作一拍一下。

5—7　原地左右摆胯三次。

8　双手前交叉。

2. 第 3—4 小节。

1—7　双手从下到上——旁平位划弧线,双手扩指手腕转动,手臂伸直,同时小跑步身体从 5 点转向 1 点。

8　左腿屈膝旁打开,脚掌点地,左手举在左肩上。

3. 第 5—6 小节。

1—7　左腿屈膝旁打开,脚掌点地,双手做搓背动作斜上斜下拉伸,同时左右摆胯,两拍一次。

8　换到右侧踵趾步。

4. 第 7—8 小节。

1—7　右侧踵趾步,双手屈肘在胸前,扩指掌心相对,右臂先动,小臂交替向胸前屈伸,两拍一次

（图1-14-2）。

8　右腿屈膝旁打开，脚掌点地，右臂举在右肩上。

5. 第9—10小节。

1—7　右腿屈膝旁打开，脚掌点地，双手做搓背动作斜上斜下拉伸，同时左右摆胯，两拍一次（图1-14-3）。

8　换到左侧踵趾步。

6. 第11—12小节。

1—8　左侧踵趾步，双手屈肘在胸前，扩指掌心相对，左臂先动，小臂交替向胸前屈伸，两拍一次。

音乐从第5小节反复一遍。

7. 第5—6小节。

1—2　双腿并脚半蹲，双手屈肘，右手在上，叠抱胸前，大臂架起。

3—4　双腿伸直，双手旁平位打开。

5—8　同上1—4的动作。

8. 第7—8小节。

1—8　双手前交叉，从下——上——旁平位划弧线，双手扩指手腕转动，手臂伸直，同时原地小跑步，绷脚小腿向后上方抬起。

9. 第13—15小节。

同5—8小节动作。

10. 第16—17小节。

1—8　双手握空拳收至胸前，在胸前绕圈，同时身体从左边小跑步，眼看左肩膀，转一圈回正。

11. 第18—19小节。

1—8　双手前交叉，从下——上——旁平位划弧线，双手扩指手腕转动，手臂伸直，同时原地小跑步，绷脚小腿向后上方抬起。

12. 第20—21小节。

1　双脚打开，双臂肩平屈，扩指，掌心朝1点。

2　小臂下折，和大臂保持90°，手背朝1点。

3—4　同1—2的动作。

5—8　左脚脚掌点地，双手掌心相对，在右胯前，自上而下来回搓动，配合胯左右摆动，一拍一次。

13. 第22—23小节。

1—4　同第20—21小节1—4拍动作。

5—7　右脚脚掌点地，双手掌心相对，在左胯前，自上而下来回搓动，配合胯左右摆动，一拍一次。

8　左腿屈膝旁打开，脚掌点地，左手举在左肩上。

音乐从第16小节重复一遍。

14. 第16—17小节。

1—7　左腿屈膝旁打开，脚掌点地，双手做搓背动作斜上斜下拉伸，同时左右摆胯，两拍一次。

8　面朝2点，双手屈肘在胸前。

15. 第18—19小节。

1—6　小跑步同时双手屈肘，握空拳在胸前绕圈。

7　双腿半蹲，双手手腕相对，呈花朵手型托于下颌处（图1-14-4）。

8　右腿屈膝旁打开，脚掌点地，右臂举在右肩上。

16. 第 20—21 小节。

1—7　右腿屈膝旁打开,脚掌点地,双手做搓背动作斜上斜下拉伸,同时左右摆胯,两拍一次。

8　面朝 8 点,双手屈肘在胸前。

17. 第 24—25 小节。

1—6　小跑步同时双手屈肘,握空拳在胸前绕圈。

7—8　面朝 8 点,双腿半蹲,双手手腕相对,花朵手型托于下颌处(图 1 - 14 - 5)。

18. 第 26—27 小节。

1—6　保持花朵手型托于下颌处,双腿蹦跳步向前三步,两拍一步。

7　双手在胸前拍手。

8　双手侧旁位摊手。

结束动作

面向 1 点,正步位,双手侧旁位摊手。

四、教学视频

我爱洗澡(正面)

我爱洗澡(背面)

五、注意要点

1. 双臂肩平屈动作时,注意大臂和小臂保持 90°。
2. 蹦跳步是一种具有低跳跃性的舞步。
3. 搓背动作,注意胯部左右摆动和手臂斜拉动作要协调一致。

六、示范图例

图 1 - 14 - 1

图 1 - 14 - 2

图 1 - 14 - 3

图 1 - 14 - 4

图 1 - 14 - 5

15. 二拍子节拍练习《小金龟》

一、学习目标

1. 能够根据幼儿的年龄特点进行舞蹈创编。
2. 能理解幼儿舞蹈的基本创编方法。
3. 鼓励小组合作,增强团队合作意识。

二、创编要求

1. 小组合作,根据二拍子《小金龟》的音乐,创编适合幼儿年龄特点的舞目。
2. 准确把握舞蹈形象及音乐节奏。
3. 整体编排要具有合理性、流畅性、完整性、观赏性。
4. 能充分体现幼儿舞蹈的特点。

音乐

小 金 龟

二拍子节拍练习

三、教学视频

小金龟

四、注意要点

1. 创编时要大胆发挥想象力，动作夸张，节奏准确。
2. 表演中可围绕动物的主题，抓住主要特征来进行创作。
3. 表演时可以适当编排情节，但要符合幼儿的年龄特点。

五、参考图例

图 1-15-1

图 1-15-2

16. 三拍子节拍练习《小雪花》

一、学习目标

1. 能够根据幼儿的年龄特点进行舞蹈创编。
2. 能理解幼儿舞蹈的基本创编方法。
3. 鼓励小组合作,增强团队合作意识。

二、创编要求

1. 小组合作,根据三拍子《小雪花》的音乐,创编适合幼儿年龄特点的舞蹈。
2. 准确把握舞蹈形象及音乐节奏。
3. 整体编排要具有合理性、流畅性、完整性、观赏性。
4. 能充分体现幼儿舞蹈的特点。

音乐

小 雪 花
(三拍子节拍练习)

1= C 6/8

```
3  4 5·  | 3  4 5·  | 1̇ 6  7 5  | 6  7 1̇·  | 3  4 5·  | 3  4 5·  |

1̇ 6 0 7 5 0 | 6  4 5·  | 1  2 3·  | 1  2 3·  | 4 3 0 4 2 0 | 6  4 2·  |

3    4 5·   | 3    4 5·   | 1̇ 6 0 7 5 0 6  7 1̇·  :‖
```

三、教学视频

小雪花

四、注意要点

1. 创编时要大胆发挥想象力，动作要夸张，节奏准确。
2. 表演中可将主题动作进行多方位、多维度的发展和变化。
3. 创编动作要符合幼儿的年龄特点。

五、参考图例

图 1－16－1

图 1－16－2

17. 行礼《妈妈宝贝》

一、学习目标

1. 交替走步时,要绷脚,脚趾尖带动向远延伸。
2. 掌握双手花朵和心型手型。
3. 准确掌握芭蕾手型及芭蕾手位的五位。

二、教学知识点

1. 交替步:右脚绷脚向前一步,重心移在右脚;左脚绷脚脚尖在右脚脚后跟擦地向前一步,重心移在左脚,两腿交替前进。
2. 芭蕾五位手:一手臂保持三位,一个手臂保持七位。
3. 芭蕾手型:拇指尖按在中指的第二个关节上,食指离开其他三指,其他三指微微并拢。
4. 旁按手:手掌虎口张开,四指并拢,掌心朝下,手腕内侧找地面,手指尖用力向上挑。

教学提示

1. 交替步行进时,腿部动作为撩腿,动作路线、规格同"吸伸腿",不同点是吸和伸的过程中,大腿肌肉逐渐使劲,连绵不断,吸腿的高度在踝关节处。
2. 舞蹈中,提示幼儿以向妈妈表达深深爱意般进行舞蹈,提高表现力。

三、教学内容

音乐

妈 妈 宝 贝

（行礼）

1= E 2/4

（五线简谱略）

准备动作

第1—4小节。

侧旁位准备，双脚正步位，双手旁按手，保持一个8拍。

主体动作

1. 第5—6小节。

1—8　右脚先，交替步向前走，两拍一步（图1-17-1）。

2. 第7—8小节。

1—8　重复第5—6小节动作。

3. 第9小节。

面朝1点，1—2　右脚向前落地，左脚跟上并脚。
　　　　　3—4　双手旁按手位变成叉腰手。

4. 第10—11小节。

1—2　右手保持芭蕾手型，手臂旁斜下位打开，眼睛看手。

3—4　左手同上。

5—6　右手屈肘收回到左肩膀。

7—8　左手屈肘收回到右肩膀（图1-17-2）。

5. 第12—13小节。

1—4　双手从旁平位往上划上弧线。

5—8　左右手在胸前变花朵手型，同时双腿半蹲，眼看2点（图1-17-3）。

6. 第14—15小节。

1—2　右手保持芭蕾手型，手臂旁斜上位打开，眼睛看手。

3—4　左手同上。

5—6　右手屈肘收回到左肩膀。

7—8　左手屈肘收回到右肩膀。

7. 第 16—17 小节。

1—4　双手从旁平位往上划上弧线。

5—8　左右手在头顶变爱心手型,同时双腿半蹲,眼看 8 点(图 1-17-4)。

8. 第 17—18 小节。

1—4　双脚半脚尖并向右横移四步,一拍一步。

5—6　双腿蹲。

7—8　打开五位手,眼看右手(图 1-17-5)。

9. 第 19—20 小节。

1—6　保持五位手,双脚半脚尖向右转一圈。

7—8　回 1 点,双手旁平位。

10. 第 21—22 小节。

1—4　双脚打开小八位,双手旁平位。

5—8　右脚向后擦地。

11. 第 23—24 小节。

1—4　右脚保持向后擦地,双腿屈膝,左腿跨外开,身体前倾,向右点头,做行礼动作。

5—8　头回正,右脚收回。

结束动作

正部位站立,双手旁平位。

四、教学视频

妈妈宝贝

五、注意要点

1. 准备动作及站立时,身体要直立。
2. 转圈时用脚尖点地,小碎步转。
3. 交替步时,上身直立,注意重心转换。

六、示范图例

图 1-17-1

图 1-17-2

图 1-17-3

图 1-17-4

图 1-17-5

1. 勾绷脚组合《不倒翁》

见本书 P3

不倒翁

2. 吸伸腿组合《读书的原因》

见本书 P7

读书的原因

3. 脚的练习《小小鸭子》

见本书 P12

小小鸭子

4. 脚的练习《小弟弟早早起》

见本书 P16

小弟弟早早起

5. 手位练习《铃儿响叮当》

一、学习目标

1. 压腕时手臂自然伸直,重心在腕关节。
2. 掌握伸手扩指的动作规格。
3. 立掌摆腕时手臂自然伸直,发力点在腕关节。

二、教学知识点

1. 伸手扩指:手臂弯曲,伸手并五指扩张,指根用力,掌心向前。
2. 立掌摆腕:发力点在腕关节,双手扩指手心向 1 点,手腕左右摇摆,做动作时保持手臂自然伸直。

教学提示

1. 扩指,是手指的外展练习,手指用力伸直,同时用力打开指间距离,扩指必须始终保持平掌状态。

2. 立掌摆腕动作,运动关节是肘关节,前臂(尺骨、桡骨)的内、外旋练习,动作中大臂相对保持稳定。

三、教学内容

音乐

手的训练

铃儿响叮当
（手位练习）

$1= F \quad \frac{2}{4}$

准备动作

面向 1 点，双跪坐，旁按手，保持 4 拍。

主体动作

1. 第 3—6 小节。

1—4　右手空拳向 2 点方向推出，推出过程变立腕扩指，腕内侧发力，左倾头看 8 点方向；左手空拳向 8 点方向推出，推出过程变立腕扩指，腕内侧发力，右倾头看 8 点方向，两拍一次（图 2-5-1、图 2-5-2）。

5—8　右手空拳向 1 点方向推出，推出过程变立腕扩指，腕内侧发力，掌心向前，眼看 1 点。左手同右手反面动作。两拍一次（图 2-5-3）。

2. 第 7—10 小节。

1—4　双手立掌扩指向右左依次摆腕四次，头随腕动，一拍一次（图 2-5-4）。

5—8　双手往双耳侧前右左方向拍手，头往拍手方向倾头，一拍一次。手臂压腕位于旁斜下位，两拍一次（图 2-5-5）。

3. 音乐从第 3 小节反复一遍，动作同第 3—6 小节的 1—8。

4. 第 7—8、11—12 小节。

1—2　双手变掌形推开至旁斜下位，变跪立，后背伸直。

3—4　保持跪立，右脚全脚向前踏步。

5—6　起身，左脚并右脚，同时正步位屈膝，保持旁按手，点头。

7—8　直膝,保持旁按手,头回正,目视 1 点。

5. 第 13—16 小节。

1—4　右脚勾脚向右旁点地,双背手,膝盖伸直,左脚经过横移步与右脚并拢,头往勾脚的反方向倾头,两拍一次。

5—8　左脚同右脚反面动作,两拍一次。

6. 第 17—20 小节　同第 7—10 小节,跪坐变站立。

7. 音乐从第 13 小节反复一遍,动作同第 13—20 小节的两个八拍。

8. 第 23—26 小节。

1—2　面向 1 点,正步位,旁按手,上身微前倾,左倾头,目视 2 点方向。

3—4　身体和头回正,目视 1 点。

5—6　同 1—2 反面动作。

7—8　身体和头回正,目视 1 点。

9. 第 27—30 小节　同 23—26 小节

10. 第 31—34 小节。

1—2　面向 1 点,正步位,双背手,屈膝,上身前倾左倾头,目视 2 点方向。

3—4　身体和头回正,目视 1 点。

5—6　同 1—2 反面动作。

7—8　身体和头回正,目视 1 点。

结束动作

11. 第 35—38 小节。

1—6　双手叉腰踏步。右左交替原地踏步 6 次,一拍一次。

7—8　右脚全脚向前迈步,左脚踏步点地,双手交叉打开至斜下位经过按掌——托掌向斜上位,仰头,目视斜上方。

四、教学视频

铃儿响叮当

五、注意要点

1. 向前伸手时手臂尽量往前伸直,与地面平行。

2. 扩指时指根用力,五指向旁扩张,指尖向上,掌心向前。

3. 立掌摆腕时手臂自然伸直,发力点在腕关节,力量要从手腕开始,肩、肘不能过于用力。

六、示范图例

图 2-5-1

图 2-5-2

图 2-5-3

图 2-5-4

图 2-5-5

6. 手臂练习《这是什么》

一、学习目标

1. 手臂的感知训练。
2. 培养节奏感。

二、教学知识点

1. 扩指：五指最大限度向旁扩张。
2. 压腕："掌形"的状态下，腕关节往下压。
3. 提腕："掌形"的状态下，腕关节向上提。

教学提示

　　1. 舞姿形成的"双山膀"要在旁平的位置，前臂（尺骨、桡骨）肘关节做内旋约45°，手伸指成"兰花手"，指尖对斜上位翘指。
　　2. 舞姿形成的"双按手"双臂在胃前交叉，前臂（尺骨、桡骨）肘关节同样做内旋约45°。

三、教学内容

音乐

手的训练

这 是 什 么

（手臂练习）

1= F 4/4

5 35 6 5 5 32 3 | 1· 1 6 5 5 3 5 | 5· 3 2 3 1 — | 5 1 3 1 5 1 3 1 |

79

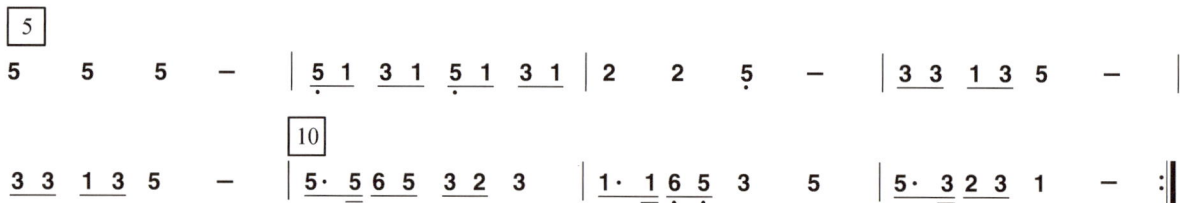

准备动作

1. 第1—3小节。

1—8　面朝1点,正步位站立,双手旁按手,保持一个八拍。

9—10　双手从下往上划上弧线,合手抱肘,右手在上,同时低头。

11—12　双手保持,抬头面对1点。

主体动作

2. 第4—5小节。

1—2　保持肘关节不动,抬右手90°,再抬左手90°,手肘与地面垂直,手心相对。

3—4　合手抱肘架于胸前,右手在上,同时低头再抬头。

5—6　右手扩指朝8点向斜上位推腕根,右倾头(图2-6-1)。

7　右手不动,同方位推左手,手心向外,左倾头。

8　头回正,两手臂打开至左手上位,右手旁平位(图2-6-2)。

3. 第6—7小节。

1　双手松肘松指收回到肩膀两侧,低头(图2-6-3)。

2　双手划下弧线从肩膀两侧向外推形成90°,两手臂打开至右手上位,左手旁平位。

3—4　双手松肘松指收回到肩膀两侧,低头。

5—6　右手朝3点方向,伸直手臂,扩指,头随手动。

7—8　右手朝7点方向,伸直手臂,扩指,头随手动。

4. 第8—9小节。

1—4　双手屈肘小臂收回,双手左手向上右手向旁扩指推出,两手形成90°,手臂伸直。

5—8　同上。

5. 第10—12小节。

1—4　左手经过下弧线至旁平位,同时左右手变兰花手型,手心向斜下。

5—8　双手经过下弧线,低头再抬头,曲肘胸前交叉按掌(图2-6-4)。

9—12　双手经过胸前划上弧线至旁平位,低头,兰花指状,压腕(图2-6-5)。

音乐重复一遍。

6. 第1—3小节。

1—4　双脚半脚尖向右小碎步转圈,头看右肩方向。

5—8　双手压腕划下弧线,背手,头转回1点方向。

9—10　面向1点,双背手,正步位保持。

11　双手从下往上划上弧线,合手抱肘,右手在上,同时低头。

12　双手保持,抬头面对一点。

重复一遍第4—12小节动作。

结束动作

面朝 1 点,正步位站立,旁按手。

四、教学视频

这是什么

五、注意要点

1. 转圈时用脚尖点地,小碎步转。
2. 扩指时,五指用力张开,指尖发力朝上。
3. 准备动作及站立时,身体要直立。

六、示范图例

图 2-6-1

图 2-6-2

图 2-6-3

图 2-6-4

图 2-6-5

7. 手指练习《手指歌》

一、学习目标

1. 培养对手指的感知能力。
2. 训练手指的灵活性。
3. 通过动物形象提高模仿能力。

二、教学知识点

1. 半蹲：下蹲时双膝夹紧，上身保持挺拔直立。
2. 倾头：保持后背挺拔直立，切忌耸肩，一侧耳朵找肩膀，另一侧颈部最大限度延伸。
3. 踏步：踏步时重拍向下，脚抬起时大腿与地面平行，注意绷脚。
4. 叉腰手：手叉腰时四指并拢，虎口叉腰，手指端平，手腕放松下沉。

教学提示

1. 教学时注意启发学生捕捉每种手指造型的动物形象。
2. 手指在造型动作中始终保持伸直和扩指的状态。

三、教学内容

音乐

手的训练

手 指 歌
(手指练习)

1= B 4/4

(**1 1 7 1 2**   **1** | **5 5 2 3 1**   **—**) | **1 3 1 3 5**   **—** | **6 1 6 1 5**   **—** | [5] **6 6 5 1 6**   **—** |

5 3 5 3 2   **—** | **3   3 2 3 1** | **1 4 4 5 6**   **—** | [10] **1 1 7 1 5**   **3** | **2 2 2 3 1**   **—** |

1   1   7 2 1 | **7 7 6 7 1**   **—** | **1   1   7 2 1** | **5 5 3 4 5**   **—** | [15] **5 1 1   5 3 3** |

3 4   3   3 2 2 | **5 5   5 1 2̇**   **—** | **2̇ 2̇ 2̇ 1 7 2̇ 1**   **—** |

准备动作

第1—2小节,面向1点,正步位站立,膝盖与大腿内侧夹紧,收腹,手叉腰,手指端平。保持一个八拍。

主体动作

1. 第3—4小节。

1—2 伸出右手,握空拳,与肩同高,伸出大拇指,手臂伸直,右倾头。

3 伸出左手,握空拳,与肩同高,伸出大拇指,手臂伸直,左倾头。

4 双手曲肘收至胸前,头回正(图2-7-1)。

5—8 下蹲,大拇指弯曲回正,右倾头,两拍一次,共两次。

2. 第5—6小节。

1—2 伸出右手,伸出食指与中指两个手指,扩指,与肩同高,手臂伸直,手心面向观众。

3 伸出左手,伸出食指与中指两个手指,扩指,与肩同高,手臂伸直,手心面向观众。

4 双手曲肘保持手的形状向上立于头斜前方两侧,肘部打开,手腕内侧距头顶一拳距离(图2-7-2)。

5—8 下蹲,伸出的手指弯曲回直,两拍一次,共两次。

3. 第7—8小节。

1—2 伸出右手,伸出中指、无名指与小拇指三个手指,扩指,与肩同高,手臂微微弯曲,手心面向观众。

3—4 伸出左手,伸出中指、无名指与小拇指三个手指,扩指,与肩同高,手臂微微弯曲,手心面向观众。

5—8 双手交叉从腹部前方画圈经过旁斜位,右手至上位,左手至旁平位,两拍到位,再压腕(图2-7-3)。

4. 第9—10小节。

1—2 伸出右手,伸出食指、中指、无名指与小拇指四个手指,扩指,与肩同高,手臂伸直,手心面向观众。

3—4　伸出左手,伸出食指、中指、无名指与小拇指四个手指,扩指,与肩同高,手臂伸直,手心面向观众。

5—8　手从胸前打开,右手臂弯曲至旁平位,左手臂弯曲至上位,手心面向观众,同步进行,双手压腕,下蹲,两拍一次,共两次(图2-7-4)。

5. 第11—12小节。

1—2　伸出右手,伸出五指,扩指,与肩同高,手臂伸直,手心面向观众,头往右倾。

3—4　伸出左手,伸出五指,扩指,与肩同高,手臂伸直,手心面向观众,头往左倾。

5—8　双手弯曲伸至头部两侧,打开至与肩同宽,同步进行下蹲与压腕,两拍一次,共两次(图2-7-5)。

6. 第13—14小节。

1—4　同第11—12小节的1—4拍。

5—6　低头,双手握空拳收至胸前,在胸前绕圈。

7—8　抬头,双手张开,扩指伸至肩前,与肩同高,手臂伸直。

7. 第15—16小节。

1—2　双手扩指,左手放在左胯前,右手至旁斜下位,头看右手方向。

3—4　头回正,胸前拍手两次,一拍一次,共两拍。

5—6　双手扩指,右手放在右胯前,左手至旁斜下位,头看左手方向。

7—8　头回正,胸前拍手两次,一拍一次,共两拍。

结束动作

第17—18小节。

1—6　双手叉腰,右左交替踏步6次,重拍向下。

7—8　右脚全脚向前迈步,左脚踏步点地,双手交叉打开至斜下位经过按掌——托掌向斜上位,仰头,目视斜上方。

四、教学视频

手指歌

五、注意要点

1. 手叉腰时,虎口打开,四指要端平。
2. 踏步时重拍向下,抬脚时注意绷脚,保持上身挺拔直立。
3. 前平位伸出手指时,头部随动。

六、示范图例

图 2-7-1

图 2-7-2

图 2-7-3

图 2-7-4

图 2-7-5

8. 扩指练习《小小手》

一、学习目标

1. 训练扩指：十个手指指尖用力向旁扩张。
2. 训练节奏感（幼儿根据节拍进行拍手动作）。
3. 熟练正步位与小八字位的转换。

二、教学知识点

1. 扩指：手掌张开时五指扩张，指根用力。
2. 收腹：腰背挺直，腹部用力回收。
3. 小八字：脚跟并拢，两脚内边缘呈 90°。

教学提示

1. 收腹，强调腹直肌下端收缩，保持骨盆处于中立位。
2. 扩指，要保持平掌。
3. 小八字，脚位的练习要强调大腿的外旋，膝关节对齐第二脚趾，保持腿部垂直力线。

三、教学内容

音乐

手的训练

小 小 手

（扩指练习）

1 = C $\frac{4}{4}$

555 555 555 555 | 3♭32♯1♮12♭3 31 3 | 555 555 555 555 | 3♭32♯1♮121 15 1 |

⑤
5 51 111 1 | 33 323 3 — | 5 51 111 1 | 22 232 2 — |

⑩
66 656 6 12 | 3 4 5 — | 66 656 6 32 | 1 2 1 — :‖

准备动作

第1—4小节，面向1点，正步位站立，双脚并拢，膝盖夹紧，旁按手，保持两个八拍。

主体动作

1. 第5—6小节。

1—2 双手指尖点肩，大臂与肩持平。

3—4 双手打开旁按手扩指摊掌，脚正步位，身体朝2点方向。

5—6 同1—2拍。

7—8 双手打开旁按手扩指摊掌，脚正步位，身体朝8点方向。

2. 第7—8小节。

1—2 双手扩指，手心朝1点，手臂自然伸直。

3—4 双手扩指，手背朝1点，手臂自然伸直。

5—8 双手扩指，手臂自然伸直，手掌带领身体分别从2点——1点——8点拍腕。

3. 第9—10小节。

1—4 在胸前拍手2次。

5—8 同第7—8小节的5—8拍。

4. 第11—12小节。

1—4 在胸前拍手2次。

5—8 保持正步位，双手打开旁按手。

音乐重复一遍。

5. 第1—2小节。

1—4 双脚小八字打开。

5—8 右脚绷脚，向正后方擦地。

6. 第3—4小节。

1—4 右脚膝盖跪地，左脚呈90°弯曲。

5—6 左膝盖跪地，双腿并拢，上半身挺直。

7—8 成跪坐姿态。

7. 第5—6小节。

1—8　跪坐，动作同第一遍第5—6小节动作（图2-8-1）。

8. 第7—8小节。

1—8　跪坐，动作同第一遍第7—8小节动作（图2-8-2、图2-8-3）。

9. 第9—10小节。

1—8　跪坐，动作同第一遍第9—10小节动作（图2-8-4）。

10. 第11—12小节。

1—4　跪坐，在胸前拍手2次。

5—8　跪坐，右手在上双手交叉，指尖点肩（图2-8-5）。

结束动作

跪坐，右手在上双手交叉，双手在肩膀位置。

四、教学视频

小小手

五、注意要点

1. 正步位转变为小八字时全脚贴地向旁打开。
2. 正步位站立时后背挺拔，双腿并拢。
3. 拍腕时要扩指。
4. 手臂要自然伸直，不要僵直。

六、示范图例

图2-8-1

图2-8-2

图 2 - 8 - 3

图 2 - 8 - 4

图 2 - 8 - 5

9. 半蹲练习《点虫虫》

一、学习目标

1. 训练膝关节的灵活性。
2. 训练幼儿认识身体各个部位。

二、教学知识点

1. 踏步：脚跟重心向下，踏步时大腿尽量与地面平行，绷脚。
2. 压腕：手腕用力，重心向下，手背对天花板。
3. 半蹲：膝盖并拢，身体保持直立。
4. 上平位：手向上伸，手臂贴近耳朵，肘关节自然伸直。
5. 旁虚点步：一只脚全部贴地，重心在这只脚上；另一只脚绷脚，脚尖点地。

教学提示

1. 半蹲动作时要保持骨盆的中立位，臀部对准脚后跟半蹲。
2. 上平位，指手在上位的位置，与躯干形成 180°。

三、教学内容

音乐

脚的训练

点 虫 虫
（半蹲练习）

1 = C 2/4

1·1 3 5 | 1 2· | 3 3· | 4 4 | 1·1 3 5 | 1 2· | 3 3· | 4 4 | ⑤ 5 1 5 | 2 6 5 5 |

5 1 5 | 6 6 5 5 | 3 3 | 3· 3 | ⑩ 2 1 1 1 | 3 2 2 1 | 5 — | 5 1 5 |

⑮ 6 6 5 5 | 5 1 5 | 6 6 5 5 | 3 3 | 3· 3 | 2 1 1 1 | ⑳ 6 3 3 2 2· | 1 — ‖

教学动作

面向 1 点，正步位站立，旁按手准备，保持 1 个八拍。

主体动作

1. 第 1—2 小节。

1—2　身体前倾，转头看 2 点，回正。

3—4　身体回正，目视 1 点。

5—6　身体前倾，转头看 8 点，回正。

7—8　身体回正，目视 1 点。

2. 第 3—4 小节。

1　双手拍头 1 次，手臂架起（图 2-9-1）。

2　双手拍肩 1 次（图 2-9-2）。

3—4　双手拍膝盖 2 次，半蹲，上身挺直（图 2-9-3）。

5—6　双手拍肩 2 次。

7—8　双手拍 2 次膝盖，半蹲，上身挺直。

3. 第 5—6 小节。

1—8　同第 3—4 小节。

4. 第 7—8 小节。

1—4　双手叉腰，右左脚交替踏步 4 次。

5—8　左手上平位，右手旁平位，手心向前，手指扩张，右旁开腿，顶胯，回正。

5. 第 9—10 小节。

1—4　双手叉腰，左右脚交替踏步 4 次。

5—8　右手上平位，左手旁平位，手心向前，手指扩张，左旁开腿，顶胯，回正。

6. 第 11—14 小节　同第 3—6 小节。

7. 第 15—16 小节。

1—4　双脚由正步位打开至小八字位，双手左手在上交叉于胸前（图 2-9-4）。

5—8　双手从腋下体侧向旁绕手，扩指伸直手心向 1 点，右脚经过绷脚——勾脚向旁迈步。

8. 第 17 小节。

1—2　双手旁按,半蹲。

3—4　右手向旁伸直,左手向上伸直,右虚点步(图 2 - 9 - 5)。

结束动作

第 18 小节 5—6　双手旁按,半蹲。

7—8　左手向旁伸直,右手向上伸直,左虚点步。

四、教学视频

点虫虫

五、注意要点

1. 手叉腰时,手指要端平,立住。

2. 踏步时重拍向下,抬脚时注意绷脚,保持上身挺拔直立。

3. 伸出手指时要立住,扩指。

4. 旁开腿时出去的那只脚注意脚跟点地。

5. 半蹲时大腿并拢,上身挺拔。

六、示范图例

图 2 - 9 - 1

图 2 - 9 - 2

图 2-9-3

图 2-9-4

图 2-9-5

10. 横移步练习《围个圆圈走走》

一、学习目标

1. 横移步时膝盖自然伸直，保持弹性。
2. 在完成组合后可自行加入队形变换，训练方向感及空间感。

二、教学知识点

1. 半蹲：正步位上半蹲，全脚着地，重心平均在两脚上，膝对脚尖方向，下蹲到臀部下方与膝盖内侧平齐，上身保持垂直，臀部与脚后跟形成垂直线。
2. 横移步：横移步时要保持正步位横移，重心转换要迅速且均匀，膝盖保持松弛有弹性。

教学提示

横移步动作是练习的髋关节（腿部）的外展与内收的运动模式，练习时请保持身体的直立。

三、教学内容

音乐

舞步训练

围个圆圈走走
（横移步练习）

1= F 2/4

| 1 | 1 | 1 | 1 | 2· 2 2· 2 | 1 | — | ‖: 1 1 2 3 | 1 | 5 |

5

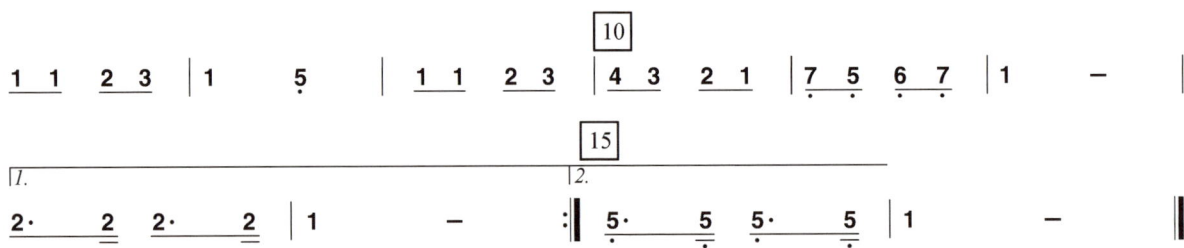

| 1 1 | 2 3 | 1 | 5. | | 1 1 | 2 3 | 4 3 | 2 1 | 7. 5 | 6. 7 | 1 | — |

(10)

| 2. | 2 | 2. | 2 | 1 | — | : | 5. | 5 | 5. | 5 | 1 | — |

1.   *2.* (15)

准备动作

第1—4小节,正步位站立,面向1点,双手斜下位旁按手,八拍准备(图2-10-1)。

主体动作

1. 第5—8小节。

1—4　向右横移两步,双脚回正步位同时膝盖半蹲、右倒头(图2-10-2)。

5—8　向左旁移两步,双脚回正步位同时膝盖半蹲、左倒头。

2. 第9—12小节。

1—6　膝盖依次半蹲三次,重拍向下。

7　膝盖直立。

8　保持。

3. 第3—14小节。

1—4　旁按手位,小碎步向右转,与同伴围成一个圆圈。

音乐从第5小节重复一遍,动作同第5—12小节。

4. 第15—16小节。

1—3　旁按手,小碎步向右转,回到正步位,面向1点。

4　双手叉腰。

结束动作

面朝1点,正步位,双手叉腰。

四、教学视频

围个圆圈走走

五、注意要点

1. 在横移步过程中保持旁按手。
2. 此组合主要考察考生的队形编排能力，可让考生根据音乐及动作编排队形。

六、示范图例

图 2 - 10 - 1　　　　　　　　　　　　图 2 - 10 - 2

11. 蹦跳步练习《蓝精灵》

一、学习目标

1. 加强膝关节、脚踝的弹性及灵活性。
2. 学会蹦跳步。

二、教学知识点

1. 蹦跳步：双脚正步位站立，原地起跳，落地时脚前掌着地，两膝弯曲，轻巧而有弹力。
2. 提压腕："掌形"的状态下，腕关节做上提下压动作。

教学提示

  蹦跳步，一种带小跳性质的"舞步"，是本组合的重难点。这种"舞步"的自然形态在幼儿的日常生活中常常出现，能表现儿童快乐、活泼的天性，教授时可从生活形态中启发教学。

三、教学内容

音乐

舞步训练

蓝 精 灵

（蹦跳步练习）

$1 = {}^\flat B$ $\frac{2}{4}$

```
0    0 34 | 5  3 | 1  5 | 3   3 23 | 4 2 | 7 4 | 2   2 12 | 2 23 4 34 |
```

5 45 6 56 | 7 1 #1 2 #2 3 4 #4 | 5   5 | [10] 1 3   5 3 | 1 3 0 34 | 5 4   3 4 |

5 4   3 4 | 5 5 5 5 3 | [15] 1   1 23 | 4 3   4 2 | 7   7 23 | 4 3   4 6 |

5   5 34 | [20] 5 4   3 4 | 5 4   3 4 | 5 5 5 5 3 | 2   2 23 | 4 3   4 2 |

[25] 1 7 6 7 | 1 — | 1   5 | 5   3 3 | 1   5 | [30] 3 — | 3   5 |

4   2 2 | 7   4 | 2 — [35] 2   2 34 | 5 4   3 4 | 5 4   3 4 |

5 5 5 5 1 | 3   3 33 | [40] 4 3   4 2 | 1 7 6 7 | 1 — | 1 — ‖

准备动作

第 1—11 小节，面向 1 点，正步位站立，双手叉腰，腰背直立，两个半八拍（图 2-11-1）。

主体动作

1. 第 12—15 小节。

1—2　正步向前蹦跳，停在半蹲，双手 2、8 点斜下位摊掌，右倾头，眼看 8 点（图 2-11-2）。

3—4　正步向后蹦跳，双手叉腰，直膝，头回正。

5—8　同上 1—4 动作。

2. 第 16—19 小节同第 12—15 小节。

3. 第 20—23 小节。

1—4　右手左手依次旁按手，眼看手方向，两拍一动（图 2-11-3、图 2-11-4）。

5　右脚朝旁迈一步变大八字位，经过屈膝依次向右移动重心，右腿直膝、左腿绷脚点地，双手掌形提腕，右倾头，看 1 点。

6　双腿屈膝半蹲，重心回到两腿间，双手掌形压腕。

7—8　同 5—6，反方向做（图 2-11-5）。

4. 第 24—27 小节。

1—4　同 5—8 动作。

5—8　收右脚，双手叉腰，正步位站直。

5. 第 28—31 小节。

1—4　原地蹦跳步三次，同时双手叉腰，半蹲，跳的时候重拍向下。

5—8　直膝回到准备位。

6. 第 32—35 小节同第 28—31 小节。

7. 第 36—43 小节同第 12—19 小节。

结束动作

正步位,面朝 1 点,双手叉腰。

四、教学视频

蓝精灵

五、注意要点

1. 蹦跳步时,双脚内侧要并拢,膝盖要松弛有弹性。
2. 双手提压腕时,要保持虎口打开,四指并拢。

六、示范图例

图 2 - 11 - 1

图 2 - 11 - 2

图 2 - 11 - 3

图 2 - 11 - 4

图 2 - 11 - 5

12. 蹉步练习《我们一起来跳舞》

见本书 P44

我们一起来跳舞(正面)　　我们一起来跳舞(背面)

13. 综合表演 1《弟子规》

见本书 P53

弟子规

14. 综合表演2《我爱洗澡》

见本书 P58

我爱洗澡(正面)　　　我爱洗澡(背面)

15. 二拍子节拍练习《小金龟》

见本书 P63

小金龟

16. 三拍子节拍练习《小雪花》

见本书 P65

小雪花

17. 行礼《妈妈宝贝》

见本书 P67

妈妈宝贝

教学方法训练

一、 幼儿舞蹈课程教师岗位能力培训基础知识试题

1. 舞蹈教室有几个基本方位？

答：(1) 教室有 8 个基本方位(或称 8 个点)。

(2) 以教师为 1 点定位，每向右转动 45°为一点，转动一周共 8 个点。

(3) 伸出左手，放在旁平位，中指指尖对的是七点。

2. 在舞蹈表演中什么是动作的用力点？

答：做动作时，身体主要用力的部位。

3. 什么是动作的角度？ 举例说明。

答：是指动作所形成的夹角。如：45°、90°、180°等。

4. 舞蹈动作的运行路线是什么？ 举例说明。

答：指动作运行的轨迹。如：直线、曲线、圆线(平圆、立圆)等。

5. 什么是自身的方位？

答：围绕自身的上、下、左、右、前、后、旁平、斜位。

6. 幼儿的特点是什么？

答：(1) 好奇心强。

(2) 喜欢模仿。

(3) 喜欢被表扬。

(4) 注意力持久性短。

(5) 易受干扰。

(6) 自控能力较差。

7. 幼儿舞蹈课程教师岗位能力培训课中的组合伴奏音乐有哪几种主要节奏型？ 举例说明。

答：2/4 拍、3/4 拍、4/4 拍。如 3/4 拍，小雪花。

8. 为什么严格要求幼儿舞蹈课程教师的动作必须规范?

答:幼儿园的孩子以模仿为主要学习方式。因此,教师的动作是否正确规范,关系到幼儿学习的质量。

9. 幼儿舞蹈课程教师除了掌握教材和教学法外,还应具有什么品质?

答:爱幼儿。幼儿园舞蹈课程老师要热爱舞蹈教育事业,同时要有良知,具备有爱心、耐心、责任心。

10. 幼儿舞蹈课程教师教授课程的主要方法是什么?

答:主要采用示范的方法,示范应采用镜面教学法。

11. 幼儿舞蹈课程教师如何引导幼儿带着愉快的心态学习舞蹈?

答:(1)教师应采用能提高幼儿学习兴趣的教学方法。

(2)授课时有饱满的热情。

(3)教师要用幼儿接受的语言与幼儿交流,并适时地给予鼓励。

12. 幼儿舞蹈课程中为什么教节拍应从儿歌开始?

答:(1)儿歌具有鲜明的节拍感。

(2)儿歌的内容通俗易懂,容易引起幼儿的兴趣。

(3)以儿歌作为幼儿学习节拍的切入点。通过说儿歌,同时一个字做一个动作,让幼儿直接感受并掌握音乐节拍的一拍和半拍。

13. 什么是动作的形状? 举例说明。

答:指动作的形象和状态。如:鸡冠状、兔儿状、蛙状等形象,以及上弧、下弧、圆弧形等动作状态。

14. 幼儿舞蹈课程教师岗位能力培训课中的组合被拆成单一动作后,用哪些方法重新组织再教授?

答:将组合拆成单一或局部的动作后,可放在节拍练习、讲故事或做游戏等中练习。

15. 幼儿舞蹈课程教师岗位能力培训为什么要制定教学计划?

答:教学计划是为了使教师的教学行为符合教学规律具有科学性,避免主观性、随意性和盲目性,以确保教师完成本学期的教学任务。

16. 幼儿舞蹈课程教师岗位能力培训的教学计划分为几个阶段?

答:分为三个阶段。

(1)恢复课阶段。

(2)推新课阶段。

(3)复习、巩固、提高阶段。

17. 幼儿舞蹈课程教师岗位能力培训教学计划中的几个阶段,时间该如何分配?

答:(1) 恢复课、推新课阶段共占 3/4 课时。

(2) 巩固、提高阶段占 1/4 课时。

18. 幼儿园小班舞蹈教学任务是什么?

答:(1) 初步认识身体的部位,包括头、颈、背、腰、臂、手、膝、踝、趾,并对这些部位进行松驰、伸展的灵活运动的初步训练。

(2) 认识身体部位的左和右。

(3) 认识音乐节拍,培养幼儿按节拍做动作。

(4) 培养幼儿带着愉快的心情学习舞蹈,使他们在学习舞蹈中产生对舞蹈的热爱。

19. 幼儿园中班舞蹈教学任务是什么?

答:(1) 进一步完成小班的教学任务的各项要求。

(2) 认识教室的八个方位。

(3) 初步达到颈立、背直、腿直、脚绷等要求。

(4) 培养幼儿载歌载舞的习惯和舞蹈时愉快的心情,掌握舞蹈的基本动作。

20. 幼儿园大班舞蹈教学任务是什么?

答:(1) 能较好地完成小班和中班的教学任务的各项要求。

(2) 熟悉围绕自身的基本方位(上、下、左、右、前、后、旁平、斜位)。

(3) 听音乐时能找到节拍,动作节拍准确。

(4) 培养幼儿在跳舞时有自娱感,热爱舞蹈课程。

二、 课堂导入训练

1. 课堂导入要求。
自我介绍＋导入方式(故事导入、情景导入、提问导入等)＋教学组合名称。

2. 导入案例(文字＋视频)——脚的练习：半蹲练习《点虫虫》。
(1) 导入语：小朋友们好，我是星星老师。最近，老师发现有一只会飞的虫虫很喜欢和我玩。经常在老师身边飞来飞去，有时候停落在我的头上，有时候停落在我的肩膀上，也有时候停落在我的膝盖上，在我的身边环绕着就是不让我捉到它。今天它知道我要来和小朋友们玩，它也想来了，小朋友们想不想和它玩呀？那我们一起来玩一玩《点虫虫》吧！

(2) 实操示范(播放视频资料)。

点虫虫

3. 导入语学习模板。
(1) 组合：《小毛驴》

小朋友们好，我是橙子老师。今天老师带来一个谜语，请小朋友们仔细听一听，猜一猜里面讲的是哪一只动物："个子不高耳朵长，四蹄圆圆有力量，能骑能驮能拉车，像马和马不一样。"这是什么动物呀？对了，它是小毛驴。那老师想请小朋友们做一个动作，骑着小毛驴是怎样做的呀？橙子老师有一个跟小朋友不一样的动作，现在我们一起跟着音乐《小毛驴》动起来吧！

(2) 组合：《蜗牛》

小朋友们，早上好！我是飘游在天空中的小云朵姐姐。今天，当我飘过大草原一角时，听到了小乌龟和小蜗牛之间有趣的对话。

小乌龟说："你是这个草原里唯一一个和我跑得一样慢的小动物！"

小蜗牛说："对呀，我和你跑得一样慢！"

小乌龟仔细地看着小蜗牛，疑惑地问："喂喂蜗牛，喂喂蜗牛，你有没有眼睛，你有没有头？"

小蜗牛认真地回答道："我有眼睛，我有眼睛，还有头和脚。"

小乌龟笑笑说："哦！原来你和我一样有眼睛、头和脚啊！"

那么，接下来让我们一起来学学《蜗牛》这个舞蹈吧！看看《蜗牛》的眼睛、头和脚都在哪里呢！

(3) 组合：《两只老虎》

小朋友们好，我是花花老师，很高兴见到你们。上课前老师要给你们讲个故事：从前呀，森林里有两只老虎在比赛跑步，它们总在比谁跑得更快一些。有一天，它们邀请了森林里的所有动物来看它们跑步比赛,大家都为它们呐喊助威。两只老虎跑得都很快,可是,跑到一半的时候,其他的小动物都发现了很奇怪的现象,它们发现有一只老虎是没有眼睛的,还有一只老虎没有尾巴,这让其他的动物都觉得很奇怪,它们异口同声地说:真奇怪,真奇怪。小朋友们,你们觉得奇怪吗? 今天跟着花花老师一起学习《两只老虎》的舞蹈吧。

(4)组合:《小花猫上学校》

师:"小朋友们,大家好呀! 我是小牛老师,小朋友们都认识牛吗?"

师:"都知道啊,小朋友们真棒,那大家还认识哪些动物呢?"

(小朋友们自由回答)

师:"狗狗、大象、猴子、老虎……哇,大家都认识好多动物啊! 小朋友们真厉害。"

师:"那老师问小朋友们一个问题,大家知道什么动物会捉老鼠? 还有它的叫声是怎么样的?"(猫,喵喵)

师:"没错,小朋友们真厉害,都猜对啦,就是猫,猫会捉老鼠并且是喵喵地叫。"

师:"今天,小花猫上学校了,我们来听听《小花猫上学校》的表现是怎么样的吧!"

(5)组合:《刷牙歌》

小朋友们,早上好呀! 我是小花老师。老师今天呀给你们讲个故事好不好。

有一只小胖熊,非常讨人喜欢,可他有个缺点,就是不喜欢经常刷牙。

一天早晨,熊妈妈出门去了,小熊在家里翻箱倒柜,到处找吃的。不一会儿功夫,小熊就吃了一大堆糖果,还有一罐蜂蜜。

小熊正在得意,忽然叫了起来:"唉哟,我的牙怎么这么疼哟!"正巧,兔大夫出门看病,路过小熊家,听到小熊的叫声,急忙进屋询问小熊发生了什么事情。兔大夫瞧了瞧小熊的牙齿,摇摇头说:"你平时甜的东西吃太多了,又不爱刷牙。"兔大夫用钳子钳住小熊的坏牙,费了好大的力气,累得满头大汗,也没能把坏牙拔下来。于是,兔大夫把小猴和小狐狸他们都叫来,大家齐心协力,才把小熊的坏牙拔下来。然后兔大夫把所有爱吃糖的小动物都叫过来,打算教它们刷牙歌,让它们有一排白白的牙齿。老师也会《刷牙歌》,你们想学吗? 我们一起学习,赶走住在牙齿里的大蛀虫吧!

三、 教学组合试讲

1. 教学组合试讲内容要求
（1）讲解教学训练目的。
（2）介绍动作名称。
（3）试讲内容（自选 4 个八拍），最少讲解 2 个主体动作。

2. 教学试讲范例
范例一、把杆训练：擦地组合《小弟弟早早起》
（1）教学目的：
① 通过擦地掌握主力腿和动力腿的控制能力和两腿之前的重心转换。
② 通过前、旁不同方位的擦地掌握擦地的动作要领。
（2）动作名称：前擦地、旁擦地。
（3）试讲内容（自选 4 个八拍）

范例二、手的训练：绕腕练习《我不上你的当》
（1）教学目的：通过塑造大灰狼和小朋友的舞蹈形象，激发幼儿的表演欲望，训练手腕的灵活性、手脚的协调性、动作的规范性，进而提高身体表现能力和协调能力。
（2）动作名称：绕腕、踏步、摆手。
（3）试讲内容（自选 4 个八拍）。

范例三、脚的练习：半蹲练习《点虫虫》
（1）教学目的：
① 通过组合的学习，幼儿能对自己的头、肩膀、膝盖等身体部位具有感性的认知。
② 通过不同的运动方式训练半蹲，增强幼儿膝盖的灵活性。
（2）动作名称：踏步、半蹲。
（3）试讲内容（自选 4 个八拍）。

范例五、舞步训练：横移步练习《围个圈圈走走》
（1）教学目的：通过组合的学习，让幼儿学会横移步的同时，对"单圈"队形有初步的概念并能保持队形的稳定完成舞蹈动作，进一步感受舞蹈队形变换的方向感及空间感，增强幼儿动作反应能力及团体协作能力。
（2）动作名称：横移步、半蹲。
（3）试讲内容（自选 4 个八拍）。

附：人体解剖图谱

1. 骨骼系统

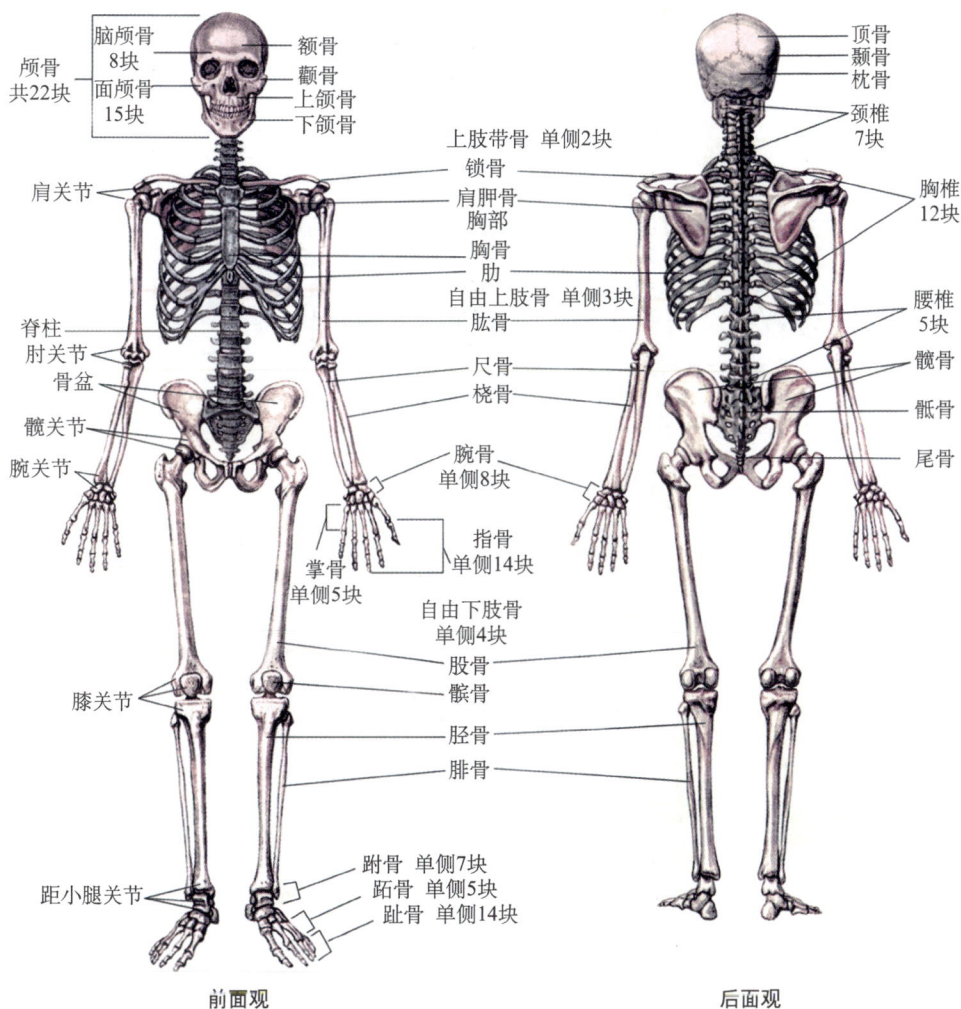

脑颅骨 8块
颅骨 共22块
面颅骨 15块
额骨
颧骨
上颌骨
下颌骨

肩关节
脊柱
肘关节
骨盆
髋关节
腕关节

膝关节

距小腿关节

上肢带骨 单侧2块
锁骨
肩胛骨
胸部
胸骨
肋
自由上肢骨 单侧3块
肱骨
尺骨
桡骨
腕骨 单侧8块
指骨 单侧14块
掌骨 单侧5块
自由下肢骨 单侧4块
股骨
髌骨
胫骨
腓骨
跗骨 单侧7块
跖骨 单侧5块
趾骨 单侧14块

顶骨
颞骨
枕骨
颈椎 7块
胸椎 12块
腰椎 5块
髋骨
骶骨
尾骨

前面观   后面观

人体骨骼
躯干骨
  椎骨：颈椎、胸椎、腰椎、骶骨、尾骨
  肋：共12对
  胸骨
上肢骨
  上肢带骨：锁骨、肩胛骨
  自由上肢骨：肱骨、桡骨、尺骨、手骨（腕骨、掌骨、指骨）
下肢骨
  下肢带骨：髋骨
  自由下肢骨：股骨、髌骨、胫骨、腓骨、足骨（跗骨、跖骨、趾骨）
颅骨
  脑颅骨：额骨、顶骨、枕骨、蝶骨、筛骨、颞骨
  面颅骨：上颌骨、鼻骨、泪骨、颧骨、下鼻骨、腭骨、犁骨、下颌骨、舌骨

117

2. 肌肉系统

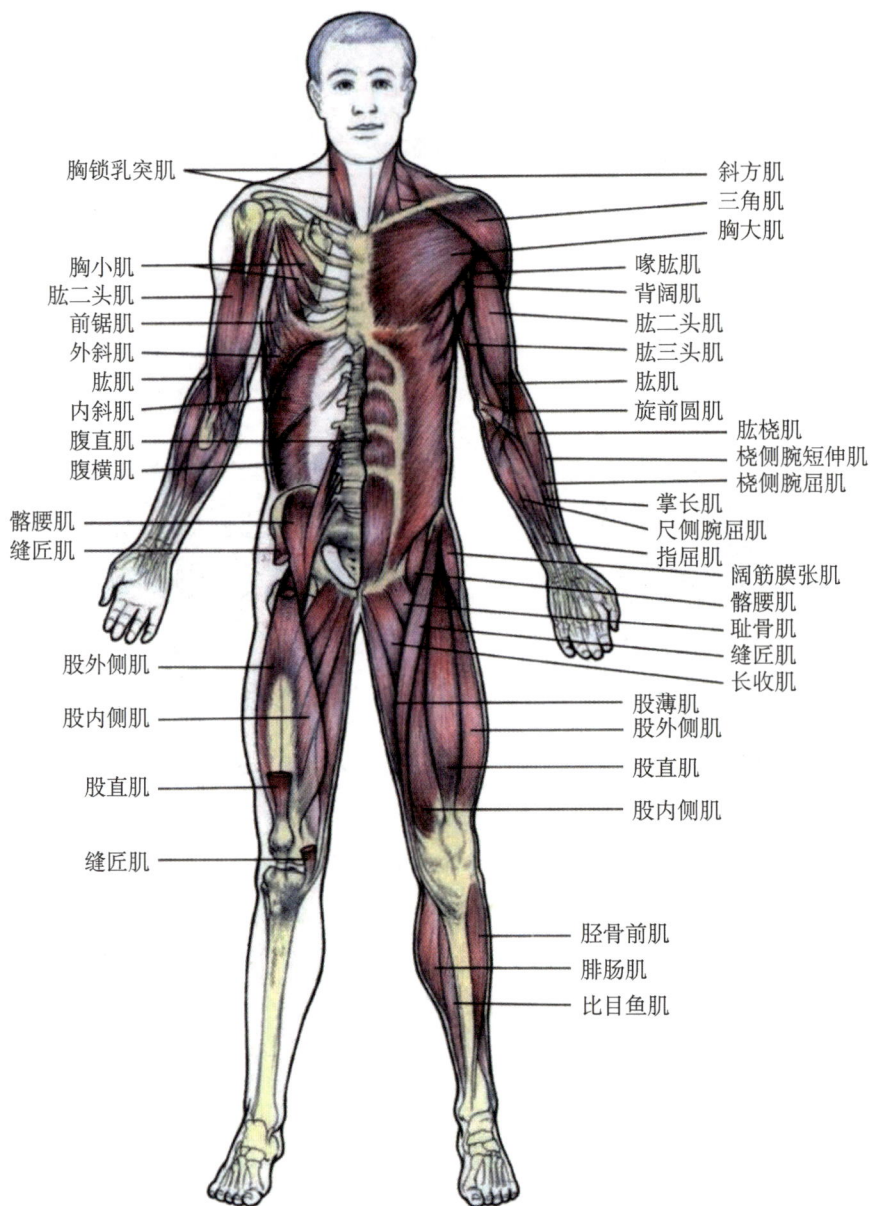

胸锁乳突肌

斜方肌
三角肌
胸大肌

胸小肌
肱二头肌
前锯肌
外斜肌
肱肌
内斜肌
腹直肌
腹横肌

喙肱肌
背阔肌
肱二头肌
肱三头肌
肱肌
旋前圆肌

肱桡肌
桡侧腕短伸肌
桡侧腕屈肌

髂腰肌
缝匠肌

掌长肌
尺侧腕屈肌
指屈肌

阔筋膜张肌
髂腰肌
耻骨肌
缝匠肌
长收肌

股外侧肌

股内侧肌

股直肌

缝匠肌

股薄肌
股外侧肌

股直肌

股内侧肌

胫骨前肌
腓肠肌
比目鱼肌

肌肉系统
正面图

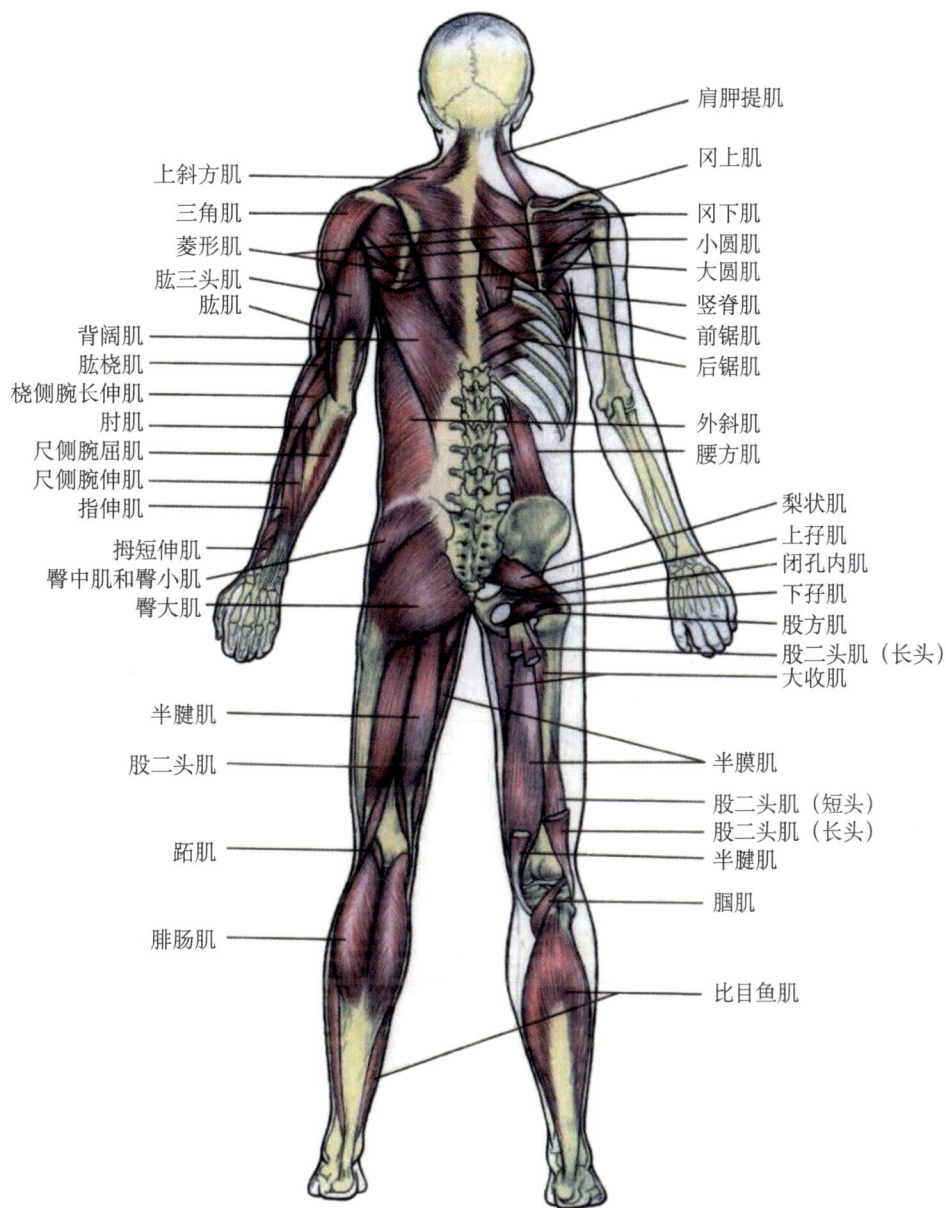

上斜方肌
三角肌
菱形肌
肱三头肌
肱肌
背阔肌
肱桡肌
桡侧腕长伸肌
肘肌
尺侧腕屈肌
尺侧腕伸肌
指伸肌
拇短伸肌
臀中肌和臀小肌
臀大肌
半腱肌
股二头肌
跖肌
腓肠肌

肩胛提肌
冈上肌
冈下肌
小圆肌
大圆肌
竖脊肌
前锯肌
后锯肌
外斜肌
腰方肌
梨状肌
上孖肌
闭孔内肌
下孖肌
股方肌
股二头肌（长头）
大收肌
半膜肌
股二头肌（短头）
股二头肌（长头）
半腱肌
腘肌
比目鱼肌

肌肉系统
背面图

图书在版编目(CIP)数据

幼儿舞蹈教师职业能力培训教程/谢琼主编.—上海:复旦大学出版社,2018.12 (2022.7 重印)
普通高等学校学前教育专业系列教材
ISBN 978-7-309-14080-4

Ⅰ.①幼…　Ⅱ.①谢…　Ⅲ.①学前教育-儿童舞蹈-幼儿师范学校-教材　Ⅳ.①G613.5

中国版本图书馆 CIP 数据核字(2018)第 275200 号

幼儿舞蹈教师职业能力培训教程
谢　琼　主编
责任编辑/查　莉　夏梦雪

复旦大学出版社有限公司出版发行
上海市国权路 579 号　邮编:200433
网址:fupnet@ fudanpress. com　http://www.fudanpress.com
门市零售:86-21-65102580　　团体订购:86-21-65104505
出版部电话:86-21-65642845
上海丽佳制版印刷有限公司

开本 890 × 1240　1/16　印张 8.25　字数 209 千
2018 年 12 月第 1 版
2022 年 7 月第 1 版第 3 次印刷

ISBN 978-7-309-14080-4/G·1932
定价:39.00 元